カラー版

# 日本の古寺100選 国宝巡りガイド

日本神仏リサーチ

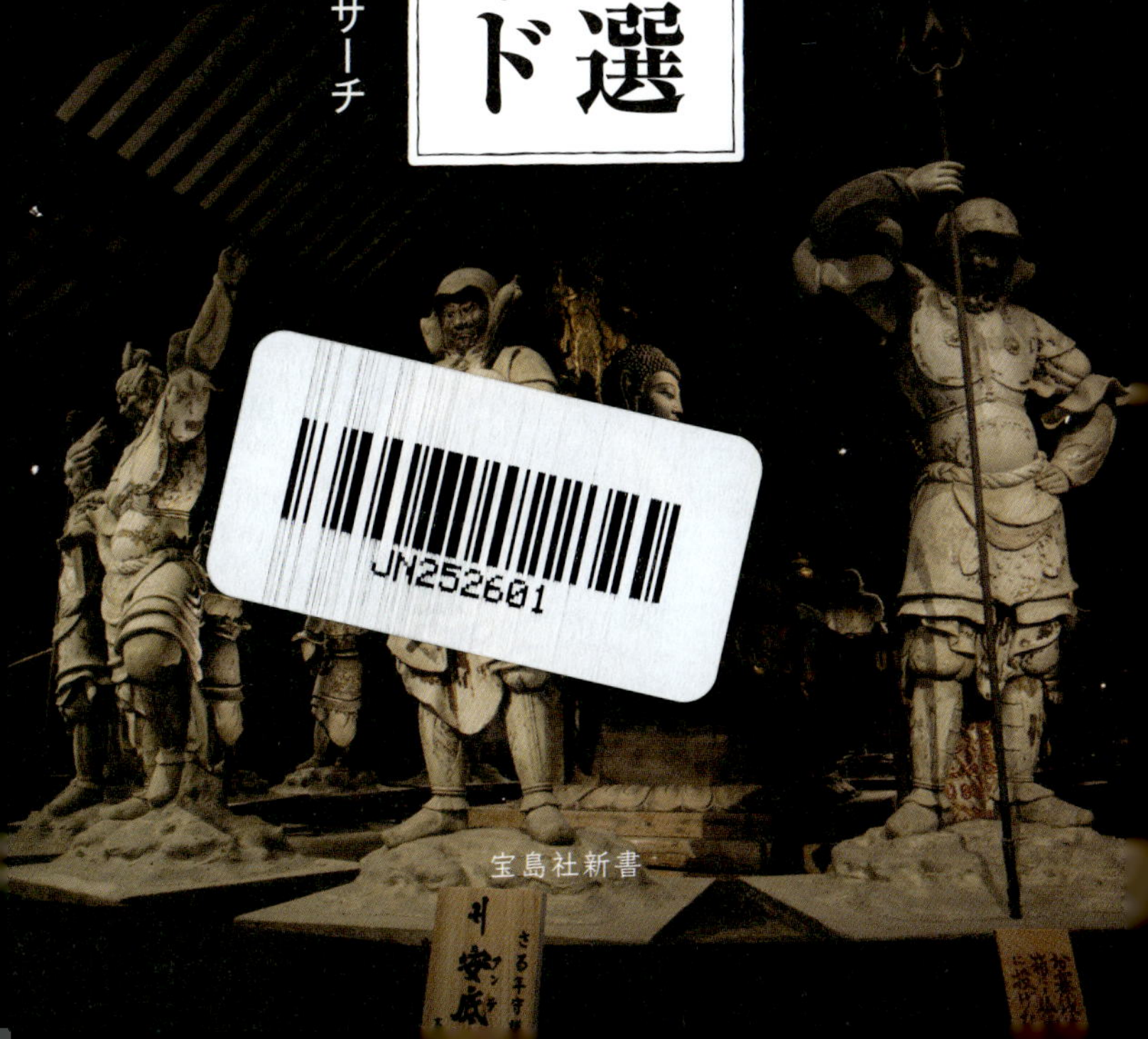



宝島社新書

千の惑い
千の救い

唐招提寺金堂 千手観音立像左脇千手詳細 写真／土門拳

本書は日本仏教十三宗派を柱に100寺の古寺をご紹介する。
そこは苔むすほどに長い時を経て、
今もなお人々の信仰を集める静謐《せいひつ》な空間。
老杉が生い茂る森、香炉から立ちのぼる伽羅《きやら》の香りが、
訪れる人々を癒やしてくれる。
かならずしも古寺に国宝があるわけではないが、
古寺で拝観する国宝はまた格別な趣がある。
そこで本書は古寺で拝観できる国宝も多数収録した。
なかにはもう1000年以上も人間の祈りに
救いの手を差し伸べてくださっている仏像もある。
人々を魅了する美しさはさることながら
その国宝は人の一生よりも長く、
何世紀にもわたって守られてきたということが
私たちの心を打つのかもしれない。

# カラー版 日本の古寺100選 国宝巡りガイド 目次

## PART 1 奈良時代〜平安時代の古寺

## PART 2 平安時代末期～鎌倉時代の古寺

### 融通念仏宗



### 浄土宗



### 浄土真宗



### 臨済宗

## PART 3 鎌倉時代末期〜江戸時代の古寺



## PART 4 十三宗派以外の古寺

# PART 5 日本の仏教史と宗派の起源

# PART 1
# 奈良時代〜平安時代の古寺

日本仏教の歴史は6世紀までさかのぼるが、
7〜8世紀には奈良に南都六宗が形成された。
そのうち、
日本仏教十三宗派と位置づけられているのは
法相宗、華厳宗、律宗である。
その後、平安時代に入ると
天台宗、真言宗が隆盛を極めていく。

三千院　©Gregg Tavares

世界遺産

# 興福寺《こうふくじ》

## 創建1300余年の古刹で拝む阿修羅像

法相宗大本山／奈良県

猿沢池に映る国宝の五重塔が美しい興福寺は、藤原摂関家ゆかりの名刹。もとは、669年に藤原鎌足《ふじわらのかまたり》の夫人・鏡大王《かがみのおおきみ》が、夫の病気平癒を祈願して京都の山科《やましな》に建てた山階寺《やましなでら》だった。その後、藤原京遷都の際に飛鳥に移転、さらに710年の平城遷都で現在の地に移り、藤原不比等《ふひと》によって寺名も興福寺と改められた。

元来、藤原家の私寺として伽藍《がらん》整備が行なわれていたが、摂関家としての家柄から官によって手厚く保護され、堂塔の造営は国によって行なわれることとなる。平安時代には、大和国を治めるほどの力をもち、比叡山延暦寺《ひえいざんえんりゃくじ》とともに「南都北嶺《なんとほくれい》」と称される仏教集団となった。

鎌倉時代に入っても、勢力は衰えなかったが、安土桃山時代、豊臣秀吉《とよとみひでよし》の検地によって寺領が大きく削減され、幕末に至るまで徐々に勢力を失っていった。さらに、明治維新に伴う神仏分離の動きのなかで、興福寺は境内地以外の寺領をすべて失うこととなった。

こうした歴史のなかで、興福寺は幾度も戦火や火災に遭う。とくに1180年の平重衡《たいらのしげひら》による南都焼討では、伽藍の多くを焼失。現存の堂塔はすべて、これ以降に建てられたものだ。

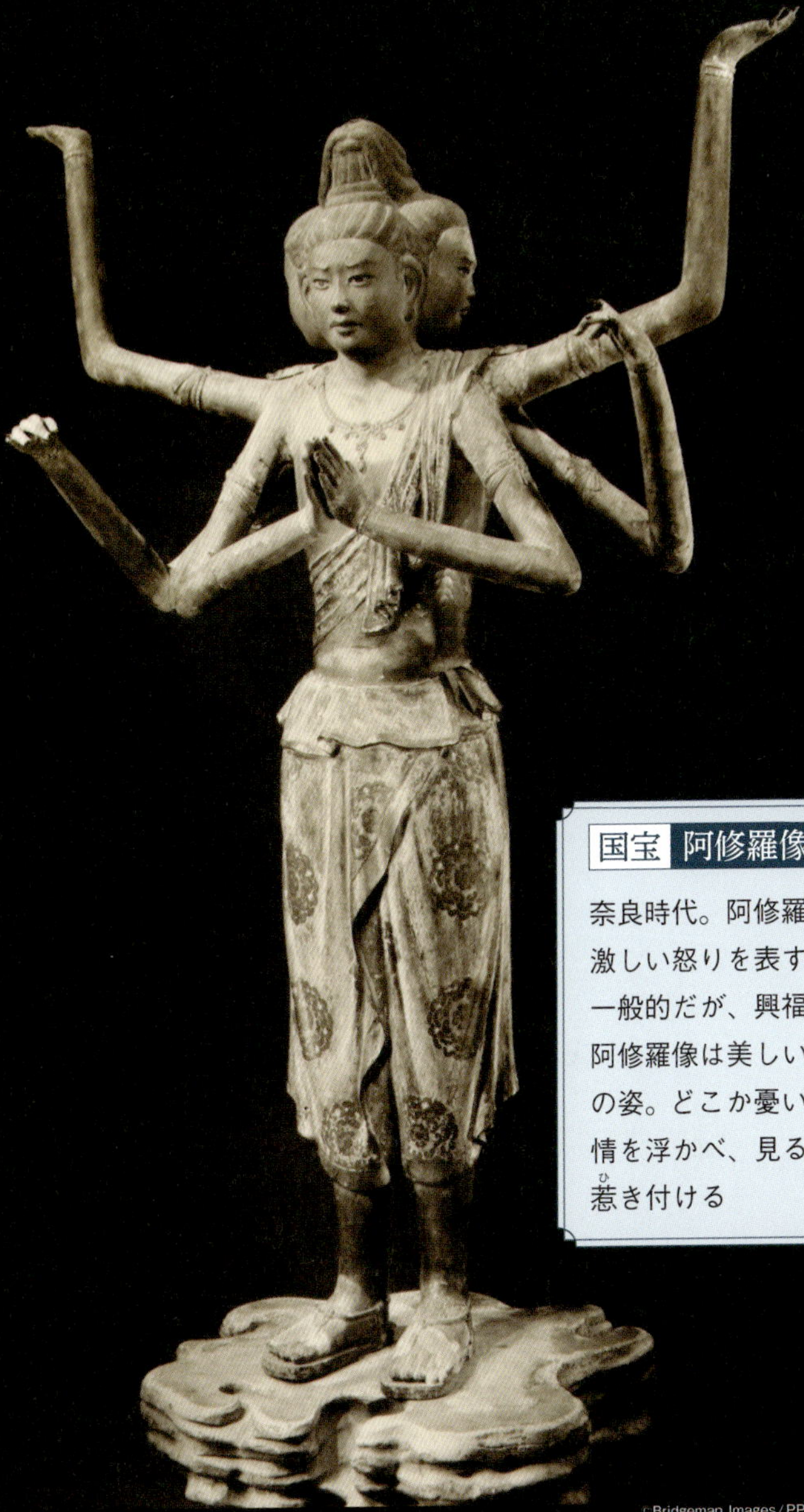

**国宝 阿修羅像**

奈良時代。阿修羅像は激しい怒りを表すのが一般的だが、興福寺の阿修羅像は美しい少年の姿。どこか憂いの表情を浮かべ、見る人を惹《ひ》き付ける

最も古いのは、国宝に指定されている北円堂と三重塔。鎌倉時代のものでありながら、古式に則って建築されており、創建当時のようすを今に伝えている。室町時代に再建された東金堂《とうこんどう》と五重塔も、ともに国宝に指定。とくに五重塔は高さ50・1メートル、木造の古塔としては京都にある東寺の五重塔に次いで、日本で2番目の高さを誇る。東金堂の基壇から仰ぐと、雄大さが増して見える。

興福寺は、多くの文化財を所有することでも知られる。かつて、食堂のあった場所に、その外観を復元して建てられた国宝館では、旧食堂の本尊・千手観音《せんじゅかんのん》菩《ぼ》薩像《さつぞう》のほか、奈良時代の7世紀の銅造仏頭など、興福寺の長い歴史を彩る至宝を拝観することができる。なかでも乾漆《かんしつ》八部《はちぶ》衆立像《しゅうりゅうぞう》の一体である阿修羅像は一生に一度は見ておきたい至宝だ。

## 国宝 東金堂・五重塔

五重塔は730年に光明皇后が建てたといわれている。現在見ることができるのは1426年ごろに再建されたもの。奈良時代の特徴を随所に見ることができる

猿沢池と興福寺の五重塔

### Data

住所／奈良県奈良市登大路町48
アクセス／近鉄奈良線「近鉄奈良」駅から徒歩5分
時間／境内自由（東金堂は9:00～17:00、16:45受付終了）
拝観料／国宝館700円、東金堂300円

世界遺産

# 薬師寺《やくしじ》

## 三尊でひとつ、飛鳥白鳳期の最高傑作

法相宗大本山／奈良県

680年、天武天皇《てんむ》が、皇后・鸕野讃良皇后《うののさららひめみこ》（のちの持統天皇《じとう》）の病気平癒を願って建てた。当初は、飛鳥の藤原京にあったが、平城遷都とともに、現在の西ノ京へ移された。諸堂が移築されたか、新築されたかには諸説あるが、飛鳥の薬師寺を「本薬師寺《もとやくしじ》」と呼び区別している。本薬師寺の跡地には、中央に金堂、その前方正面に中門、金堂の前方東西に塔を置き、金堂の背後に講堂を配するという「薬師寺式伽藍配置」の礎石が残っている。薬師寺においても同様の配置で造営されていることから、同じものを新たにつくろうとしたのではないかと考えられている。

薬師寺のなかで最も古い建造物は、国宝にも指定されている東塔。奈良時代につくられたもので、総高34・1メートル、木造としては国内4番目の高さだ。この東塔は、一見すると、屋根が六重にかかっているように見えるが、じつは三重塔。1、3、5番目のものは裳階《もこし》（飾り）、間のものが屋根であり、その美しい造形から「凍《こお》れる音楽」とも呼ばれ、国内外から注目されている。また相輪上部の水煙《すいえん》に、24人の飛天が舞うようすが透かし彫りで刻まれており、白鳳

写真提供：薬師寺

国宝　薬師如来三尊像

金堂に祀《まつ》られている薬師如来三尊像。台座も別途国宝に指定されている。三尊が並び立つようすはまるでまばゆい浄土の世界を思わせる

写真提供：一般財団法人奈良県ビジターズビューロー

毎月8日は薬師如来の縁日。10月8日には天武天皇の遺徳を偲ぶ「天武忌」が行なわれる。写真は薬師如来の眷属《けんぞく》（配下の者）である十二神将の練供養の一幕

文化の水準の高さをうかがうことができる（現在は修理中）。

　東塔以外の建造物の多くは、１５２８年の筒井《つつい》順興《じゅんこう》の兵火で焼失した。江戸時代末期に伽藍の仮再建が行なわれたが、本格的に復興したのは、１９６０年代以降、「お写経勧進」をすすめた元管主・高田《たかだ》好胤《こういん》師の時代。金堂、西塔、中門、大講堂などが再建された。

　１９７６年に落慶した金堂は、白鳳様式の建築で、創建時を思い起こさせる。堂内には、三尊でひとつの国宝に指定されている白鳳時代の薬師如来三尊像を安置。中尊・薬師如来が像高２５４センチの坐像、脇侍《きょうじ》である日光・月光《がっこう》菩薩がともに、およそ３１５センチの立像で、その大きさと彫刻技術のすばらしさから、白鳳期の仏像の最高傑作のひとつと評されている。

大池から望む薬師寺の遠望は奈良盆地を代表する風景のひとつ。後ろに見えるのは若草山

国宝 東塔

現在の薬師寺において唯一、奈良時代（天平年間）にさかのぼる建築物（平成32年6月まで解体修理中）

©663highland

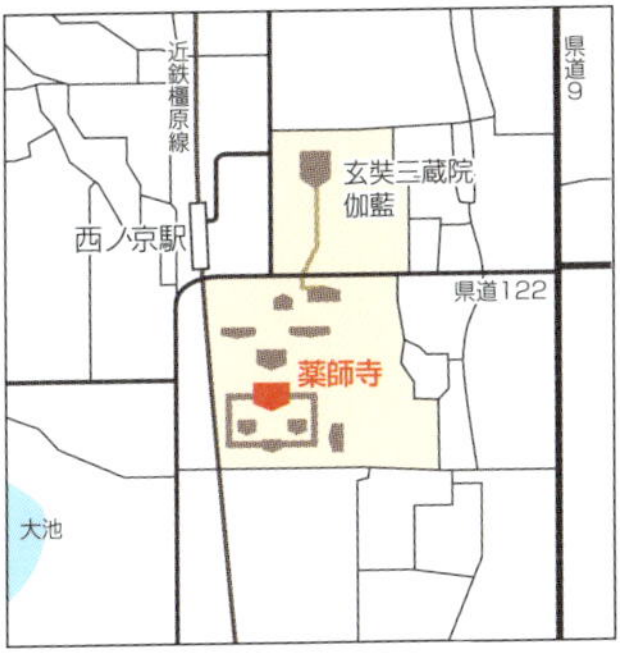


Data

住所／奈良県奈良市西ノ京町457
アクセス／近鉄橿原《かしはら》線「西ノ京」駅からすぐ
時間／8:30～17:00（受付は～16:30）
拝観料／1100円（玄奘三蔵院伽藍閉鎖時は800円）

世界遺産

# 東大寺《とうだいじ》

世界最大級の木造建築と奈良の大仏

華厳宗大本山／奈良県

8世紀前半に聖武《しょうむ》天皇の勅願によって開かれた寺院。仏教による鎮護国家を目指した聖武天皇は、全国に国分寺、国分尼寺《に》を建立し、743年に「大仏造顕の詔《みことのり》」を公布した。その後747年に鋳造が開始され、苦難の末に大仏の開眼《かいげん》供養が行なわれたのは752年だった。本尊は盧舎那仏《るしゃなぶつ》。サンスクリット語で「光輝く」という意味がある。

大仏造立と並行して伽藍も整えられていった。奈良時代の東大寺境内には、南大門、中門、大仏殿、講堂が南北にまっすぐ並び、南大門と中門の間の東西には、高さ70メートルとも100メートルとも伝えら

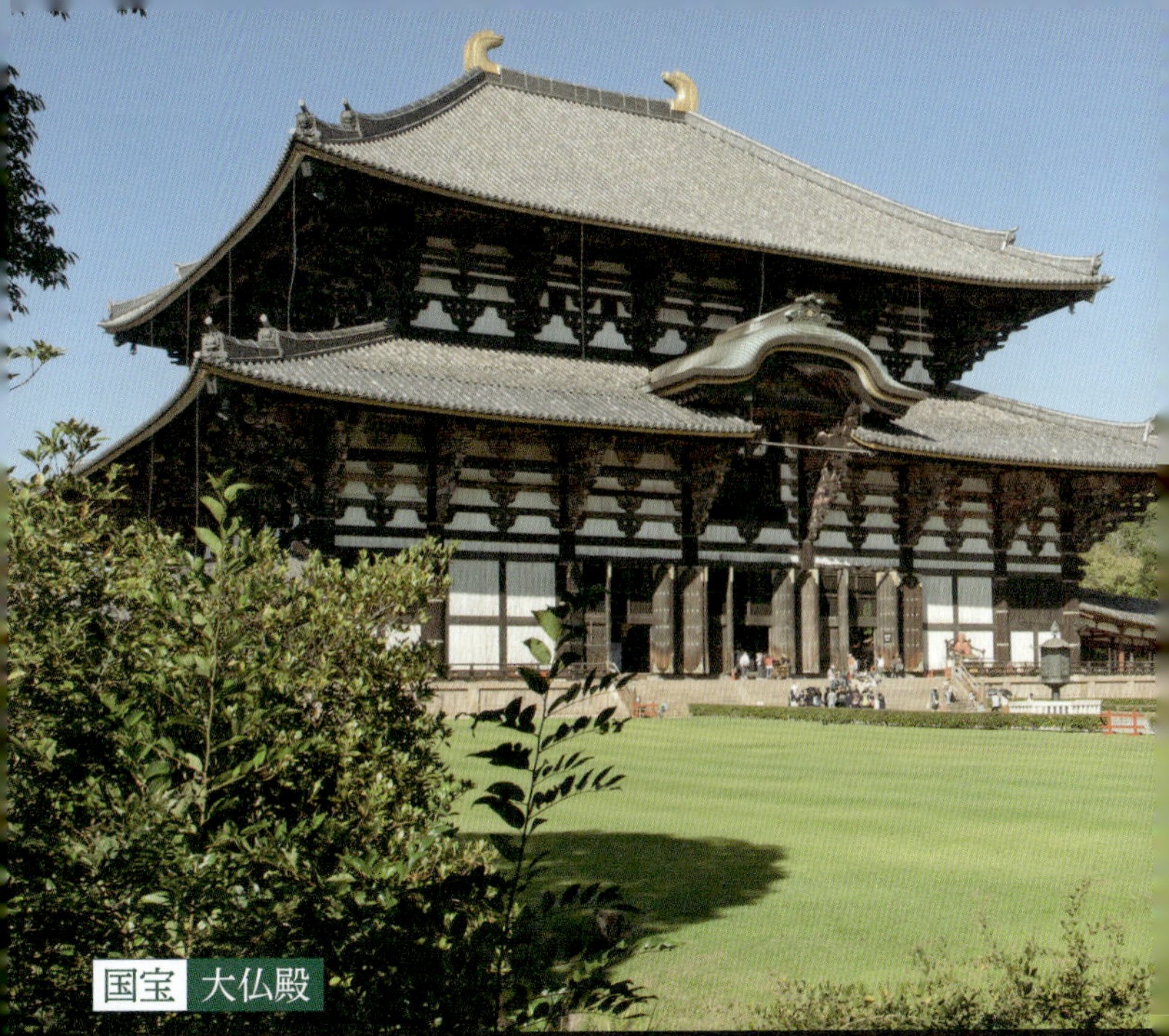

国宝　大仏殿

正式名称は東大寺金堂。創建当初から比べると、約86メートルあった建物の幅が３分の２程度の規模に縮小されているというが、世界最大級の木造建築物にあたる

れる七重の塔が建てられていたようで、東は平城京の東端、西は興福寺と接する、ほかに類を見ない大寺院だった。伽藍の造営に着工したのは７４５年。完成するまでにおよそ40年近い歳月を費やしたというのもうなずける。

　奈良時代には、学問所の色合いが強かった東大寺だが、平安時代に入ると僧兵を抱えて武装化。周辺一帯を治める勢力となる。その勢力は拡大し続けるも、１１８０年、平重衡《たいらのしげひら》による南都焼討で、大仏と大仏

国宝 南大門

南大門。現在の門は鎌倉時代、東大寺を復興した重源上人が再建したもの。大仏殿にふさわしく、日本国内最大の山門

殿を含む伽藍の多くを焼失。しかし、俊乗《しゅんじょう》房重源《ぼうちょうげん》上人の勧進によって1185年には大仏開眼供養会が行なわれ、1195年には大仏殿が再建されることとなる。1204年には東塔院の再建に着手するも1206年、重源上人は86歳で入滅した。東塔院は1227年ごろに完成したとみられる。

同じ大きさの屋根が重なる、重量感のある南大門（山門）は、鎌倉時代、1203年の再建で、国宝にも指定されている。この南大門は大仏殿同様に「大仏様《だいぶつよう》」という建築様式が取り入れられている。強度を増すために「貫《ぬき》」という柱を貫通する水平の木材を用いることが特徴で、天井を見上げると、構造素材をそのまま見ることができる。南大門内には、いずれも国宝に指定されている木造金剛力士像が立っている。

# 国宝 東大寺盧舎那仏像《とうだいじるしゃなぶつぞう》

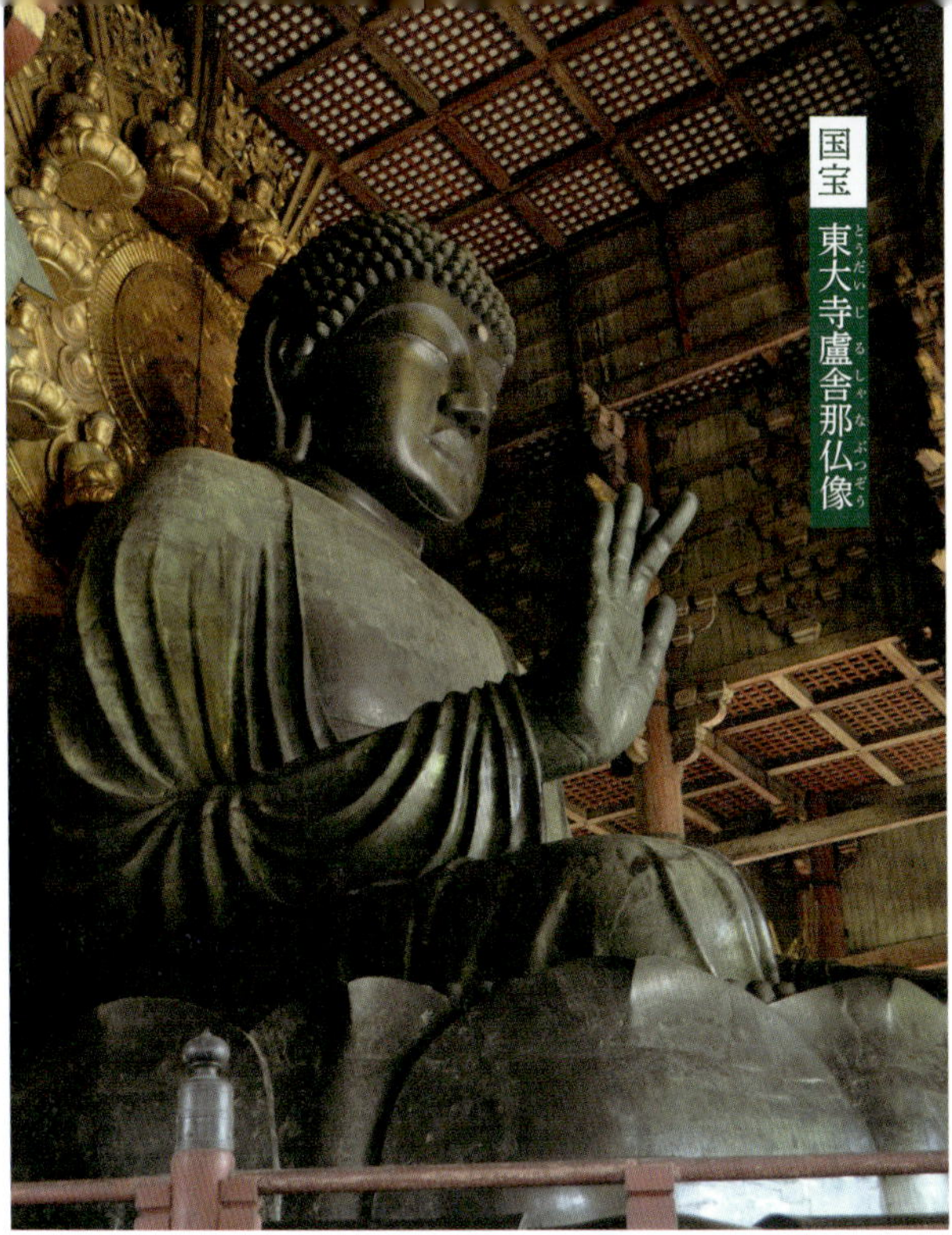

一般的に「奈良の大仏」として知られる東大寺のご本尊。「銅造盧舎那仏坐像（金堂安置）」として1958年に国宝指定されている

## Data

住所／奈良県奈良市雑司町406-1
アクセス／近鉄奈良線「近鉄奈良」駅から徒歩20分、または市内循環バス「大仏殿春日大社前」から徒歩5分
時間／境内自由（大仏殿・法華堂・戒壇堂11月～3月 8:00～17:00、4月～10月 7:30～17:30）
拝観料／無料（大仏殿・法華堂・戒壇堂600円）

今も薬師如来を守る天平文化の遺構

# 日輪山《にちりんざん》 新薬師寺《しんやくしじ》

華厳宗／奈良県

奈良時代の本堂（国宝）が、今なお残る新薬師寺は、8世紀に光明《こうみょう》皇后が、聖武天皇の病気平癒を祈願して建立したとされる寺院。新薬師寺の「新」は、「霊験あらたかな」という意味でつけられたものであり、創建時は、七堂伽藍《しちどうがらん》が整えられた大寺院であったとされる。

その後、雷などで多くの建物がなくなったが、現在の本堂は、1250年を経て、そのままの姿で今に至っている。本堂は、桁行《けたゆき》7間、梁間《はりま》5間の入母屋造《いりもやづくり》。正面7間のうち、左右2間ずつ窓のない白壁になっており、重厚感のある柱とのコントラストが印象的だ。屋根は勾配が緩い圧迫感のないつくり

国宝　木造薬師如来坐像・塑像十二神将立像

本堂中央に坐する薬師如来を取り巻いて十二神将が並ぶ。十二神将は天平時代に造像されたもの。江戸時代の大地震で壊れた波夷羅（ハイラ）大将をのぞく11軀が国宝に指定されている

で、おおらかな天平文化の気風を今に伝えている。また、内部は敷き瓦が敷かれており、天井板を張らない「化粧屋根裏」。簡素ながら、構造の美しさを見せるつくりになっている。

中央の円壇には、国宝に指定されている本尊・薬師如来が安置されている。大きく見開いた目が特徴で、平安時代初期につくられた茅《かや》の一木造。像高約191センチ、左手に薬壺《やっこ》をもち、あらゆるものを病から守るとされている。光背にも、6体の化仏が刻まれてお

国宝 本堂 かつては七堂伽藍が建ち並んでいたという。境内に残る奈良時代・創建当初の建造物

り、合わせて七仏薬師と呼ばれる。

薬師如来の周りには、こちらも国宝に指定されている十二神将が取り囲むように安置されている。十二神将とは、薬師如来の世界を守る大将たち。1体につき、7000の部下を率いていると伝えられている。十二神将はすべて、奈良時代（1体は補作）につくられた塑像で、本尊とともに国宝に指定。いずれも、160センチ程度の等身大で、生き生きとした憤怒の表情をした十二神将像としては最古かつ、最高峰のものだといえる。

境内にはほかに、門、鐘楼《しょうろう》、地蔵堂などが建つ。いずれも鎌倉時代に建てられたもので、重要文化財に指定されている。新薬師寺がある場所は、興福寺や東大寺、春日大社といった大寺院から少し離れたところに位置し、比較的静かに拝観できるのがうれしい。

十二神将の伐折羅《ばさら》大将。右手に剣をもち、髪を逆立てた怒りの表情で薬師如来を守る

Data

住所／奈良県奈良市高畑町1352
アクセス／近鉄奈良線「近鉄奈良」駅から市内循環バス「破石町」下車徒歩10分
時間／9:00～17:00
拝観料／600円

## 日本最大の文殊菩薩像がある安倍氏の氏寺

# 安倍山《あべさん》 安倍文殊院《あべもんじゅいん》

華厳宗別格本山／奈良県

創建は６４５年。大化の改新の際に左大臣となった安倍倉梯麻呂《あべのくらはしまろ》が一族の氏寺として建立した寺で、京都・天橋立《あまのはしだて》の切戸《きれと》文殊、山形の亀岡文殊とともに、日本三大文殊のひとつ。知恵の文殊として親しまれ、学業成就を願う人々から広く信仰を集めている。

本尊は獅子《しし》にまたがった騎獅《きし》文殊菩薩像。総高は７メートルもあり、文殊菩薩像としては日本最大。百獣の王である獅子にまたがる勇姿は、それほどに文殊様の知恵が秀抜であることを表す。また、少年の姿をしているのは、文殊の知恵が子供のように清らかであることを示している。

さらに善財童子《ぜんざいどうじ》、優填王《うてんおう》、維摩居士《ゆいまこじ》、須菩提《すぼだい》の４像を脇侍に携え、海を渡って五台山（中国における文殊の聖地）に向かう「渡海文殊《とかいもんじゅ》」と呼ばれる仏像群になっており、この５像すべてが２０１３年に国宝指定された。この５像は鎌倉時代、安倍文殊院の本山にあたる東大寺の大仏殿が再建された際、再建に尽くした僧侶・重源が東大寺総供養に法要するために造立せよと命じたと考えられている。作者は東大寺南大門の金剛力士像で知られる鎌倉時代の仏師・快慶

国宝　騎獅文殊菩薩像

少年のあどけなさと凜々《りり》しさが共存する不思議な魅力にあふれた姿。両脇の4体の像を含め5像すべてが国宝

写真提供：安倍文殊院

写真提供：安倍文殊院

国宝 維摩居士像

国宝 須菩提像

写真提供：安倍文殊院

国宝 優填王像

国宝 善財童子像

で、像内に建仁3（1203）年の墨書が発見されている。

また、安倍氏といえば、「天の原　ふりさけ見れば　春日なる三笠の山に　いでし月かも」の歌を詠んだことで知られる遣唐使・阿《あ》倍仲麻呂《べのなかまろ》や、平安時代に陰陽師として6代もの天皇に仕えた安倍晴明《あべのせいめい》が有名。この安倍文殊院にも安倍晴明の出生に関わる「くずは稲荷」や、天文観測の地が残されている。

さらに、境内中央の池には、一族を祀る金《きん》閣浮御堂《かくうきみどう》があり、堂内に仲麻呂像、晴明像などを安置。この金閣浮御堂は、周囲を7回まわって厄除けを祈り、札《ふだ》を納める「厄除け七まいり」を行なってから、堂内を拝観するのが慣例となっている。境内には文殊院西古墳をはじめ、ふたつの古墳もあり、その歴史の長さが感じられる。

境内には約30種5万株のコスモスが植えられており、例年9月上旬には「コスモス迷路」が開園する

写真提供：安倍文殊院

室町時代に建立された白山堂は、石川県の霊峰「白山」をご神体とする白山神社の末社

## Data

住所／奈良県桜井市阿部645
アクセス／JR桜井線・近鉄大阪線「桜井」駅から徒歩20分、または奈良交通バス「安倍文殊院前」すぐ
時間／9:00～17:00
拝観料／本堂700円、金閣浮御堂霊宝館700円、共通券1200円

## 皇室にもゆかりがある日本最古の安産祈願の寺

# 子安山《こやすざん》 帯解寺《おびとけでら》

華厳宗／奈良県

国内最古の安産祈願の寺として知られる帯解寺。もとは「霊松庵《れいしょうあん》」といい、空海《くうかい》の師である勤操《ごんそう》大徳の庵だったが、858年、時の天皇・文徳《もんとく》天皇の后、染殿《そめどの》皇后（藤原明子《ふじわらのあきらけいこ》）が寺の本尊に祈願したところ、無事に清和《せいわ》天皇が誕生したことから、文徳天皇より現在の寺号を賜《たまわ》り、安産・子授けの信仰を集めるようになった。

その後、多くの災禍に見舞われるも、江戸時代には徳川家の庇護も受け、現在も4代将軍家《いえ》綱《つな》寄進の手水鉢《ちょうずばち》が残る。

江戸時代に再建された本堂奥の収蔵庫には、本尊である地蔵菩薩半跏《はんか》像が安置。鎌倉時代に寄せ木造《ぎづくり》でつくられたもので、像高は約183センチ、胸元で裳《も》を紐《ひも》で結わえていることから、「腹帯地蔵さん」とも親しまれている。

ほかにも、家光寄進の誕生釈迦仏や、珍しい三面六臂《さんめんろっぴ》の大黒天立像なども所蔵しており、毎年春と秋に一週間、特別公開が行なわれている。帯解寺の境内はこぢんまりとしたもので、安産祈願に多くの人が訪れる戌《いぬ》の日を除けば、比較的静かに拝観できるのも魅力。美智子皇后をはじめ、多くの皇族の方々が祈願に訪れ、信仰が受け継がれている。

写真提供：帯解寺

秋は境内を紅葉が彩る。春は桜の名所でもある

本堂内の奥の収蔵庫にはご本尊の地蔵菩薩（国指定重要文化財）が安置されている

写真提供：帯解寺

## Data

住所／奈良県奈良市今市町734

アクセス／JRまほろば線（桜井線）「帯解」駅から徒歩5分

時間／9:00〜16:00

拝観料／400円（特別展500円）

世界遺産

# 唐招提寺《とうしょうだいじ》

## 唐からやってきた鑑真和上創建の私寺

律宗総本山／奈良県

奈良に建つ大寺院のほとんどが勅願《ちょくがん》（天皇の祈願）によるものなのに対して、唐招提寺は、759年、唐の高僧・鑑真《がんじん》和上の発願によって創建された私院。聖武天皇に招請《しょうせい》された鑑真は、12年間、幾度も日本へ渡ることを試みながら失敗。次第に視力を失いながらも、753年、6回目の航海で渡日に成功した。この時、鑑真は66歳。76歳で没するまでの前半5年を東大寺で、残りの5年をこの唐招提寺で過ごしたという。

唐招提寺が開かれた場所は、もとは、新田部《にいたべ》親王の旧宅であり、鑑真がいたころの伽藍は、それらを改装した建物があるだけだった。伽藍の造営は、8世紀後半に鑑真の弟子の如宝《にょほう》によって進められたとされる。境内には、金堂、講堂、礼堂、2棟の校倉《あぜくら》、鼓楼《ころう》などが整然と並ぶ。奈良時代に建てられた金堂、講堂をはじめ、朝廷などの寄進も得ながら整えられたようだ。

本尊・盧舎那仏を安置する金堂は、奈良時代に建立されたもので現存する唯一のもの。奥行き4間のうち手前の1間は、壁のない「吹き放し」になっている。堂内には、先述の盧舎那仏のほかに、奈良時代の千手観音や四天王、平安時代の薬師如来など、合わせて9体の仏像が納

国宝 千手観音立像

奈良時代のもの。千手観音像は一般的に42本の手で表現されることが多いが、こちらは大脇手42本、小脇手911本、合わせて953本の腕がバランスよく配されている

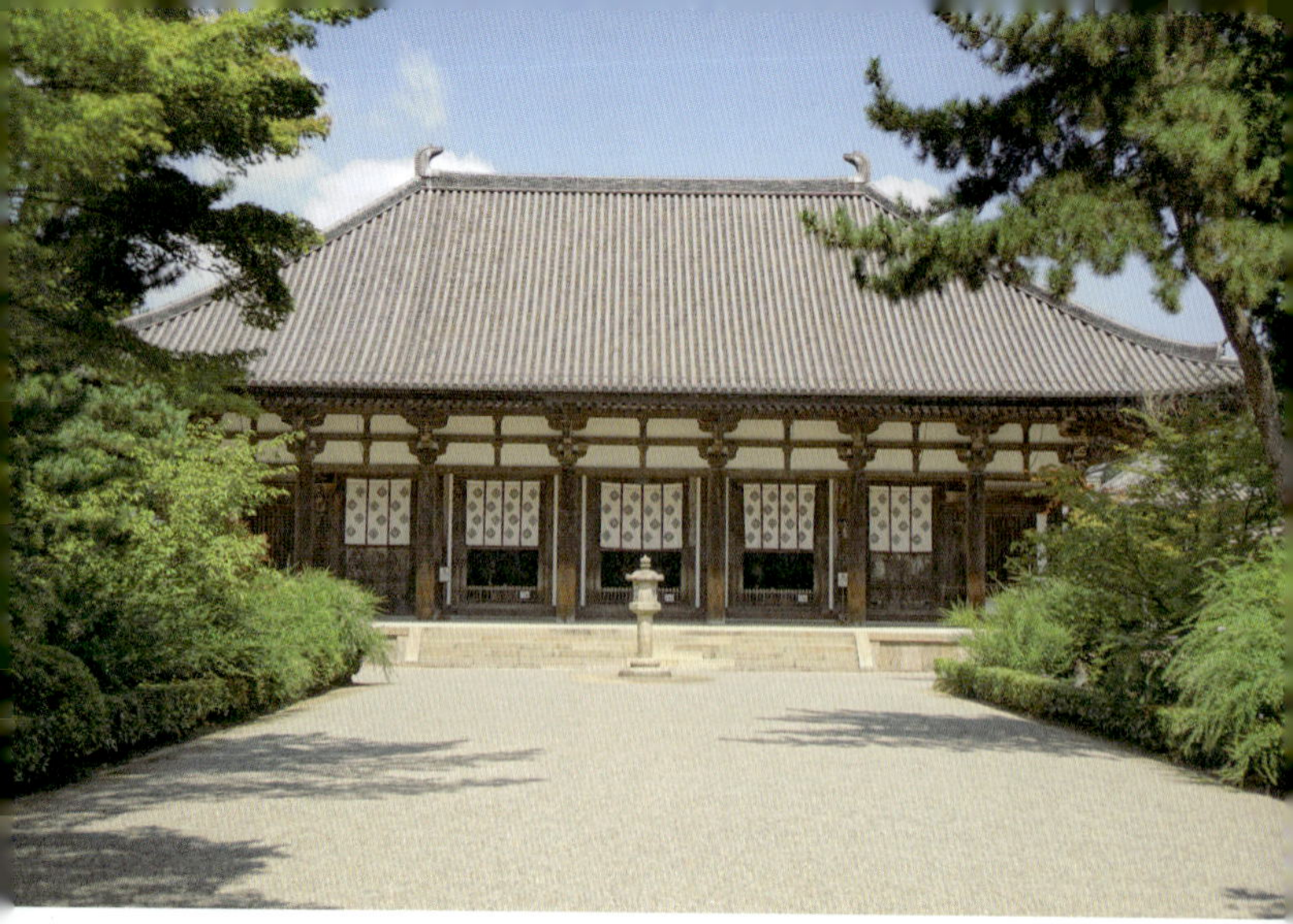

国宝 金堂 南大門をくぐり、正面に現れる金堂。堂内に本尊・盧舎那仏が安置されている

められているが、金堂を含め、すべてが国宝に指定されている。この金堂は、2000年から大規模な修理が行なわれ、2009年11月に落慶法要が行なわれたところだ。

金堂と同じく、天平時代に建立されたのが講堂（国宝）。平城宮の東朝集殿を移築、改装したもので、鎌倉時代に大きく手を加えられてはいるものの、天平文化を伝える貴重な文化財だ。

金堂と講堂の間には、鼓楼と呼ばれる2階建ての建物が建つ。鼓楼とは、本来、太鼓を納めるためのものだが、唐招提寺の鼓楼は、堂内に鑑真が唐からもってきた仏舎利を祀っていることから「舎利殿」とも呼ばれる。毎年5月に行なわれる「うちわまき」では、この鼓楼の上からまかれるハート形をした魔除けのうちわを受けに多くの人が訪れる。

国宝 鼓楼《ころう》　国宝 講堂

写真左の金堂の右手奥に鼓楼、金堂の奥に講堂。整然とした甍《いらか》の波が美しい

鑑真和上の廟所は静かな森のなかにたたずむ

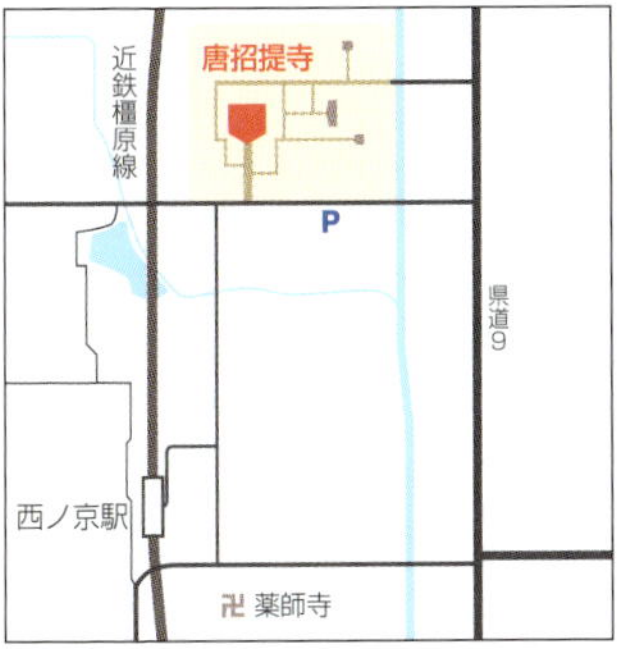


## Data

住所／奈良県奈良市五条町13-46
アクセス／近鉄橿原線「西ノ京」駅から徒歩10分
時間／8:30～17:00（受付は～16時半）
拝観料／600円

# 壬生寺《みぶでら》

## 壬生狂言で知られる京都の律宗寺院

律宗／京都府

京都には数多くの寺院があるが、律宗の寺院は、この壬生寺と法金剛院（京都市右京区）の2寺のみ。幕末に、新選組の兵法練習場として使われた壬生寺。境内にある池のなかの島は「壬生塚」と呼ばれ、近藤勇《こんどういさみ》の胸像や新選組隊士たちの墓がある。

壬生寺の創建は、991年。滋賀県にある三井寺《みいでら》（園城寺《おんじょうじ》）の僧・快賢《かいけん》が、母の菩提を弔うために建立。当時は「小三井寺《こみいでら》」と呼ばれていた。その後、火災などによって衰退。中世に入ってから、融通念佛宗《ゆうずうねんぶつしゅう》の円覚《えんがく》上人が人々にその教えを広く伝えるため「大念仏狂言」を始めたことで、ふたたび、隆盛を遂げた。

この大念仏狂言は、パントマイムのように、身振り手振りだけで、仏の教えを説いたもので、娯楽の性質をもちながらも、身分を問わず、「勧善懲悪」「因果応報」などといった仏教の教えを知ることができる宗教劇だ。現在も「壬生さんのカンデンデン」と広く親しまれ、重要無形民俗文化財にも登録されている。

この大念仏狂言を行なうのは、大念仏堂。1856年に再建されたもので、舞台、橋、飛び込みといった設備が整っている。

本堂と千体もの石仏が安置された千体仏塔。毎年8月に行なわれる壬生寺万灯会では、この仏塔に灯《あか》りが灯《とも》される

大念仏狂言はセリフなき宗教劇。春、秋、節分にそれぞれ数日間、公開される

## Data

住所／京都府京都市中京区壬生梛ノ宮町31
アクセス／市バス「壬生寺道」からすぐ
時間／8:00～17:00（壬生塚および資料室は8:30～16:30）
拝観料／無料（壬生塚200円、資料室200円）

世界遺産

## 最澄が開いた日本仏教の母山

# 比叡山《ひえいざん》 延暦寺《えんりゃくじ》

天台宗総本山／滋賀県

写真提供：延暦寺

日本仏教の聖地であり、ユネスコ世界文化遺産にも登録されている比叡山延暦寺。京都と滋賀にまたがる比叡山一帯を寺域とする日本有数の大寺院だ。

延暦寺は、788年、伝教大師こと最澄《さいちょう》が、現在の根本中堂の位置に小さな寺院を建て、「一乗《いちじょう》止《し》観院《かんいん》」と名づけたことに始まる。延暦寺という寺名を与えられたのは、最澄の没後だ。

比叡山は日本の国を鎮《しず》め護《まも》る寺として朝廷から期待をされたことから、桓武天皇時代の年号「延暦」を寺号に与えられた。そして比叡山にこもって修学・修行する教育制度が確立され、今でいう総合大学のような役

国宝 根本中堂

不滅の法灯が掲げられている根本中堂。現在の根本中堂は、織田信長による比叡山焼き討ちの後、慈眼大師天海の進言により徳川3代将軍家光の命によって再建された

割を果たしてきた。

日本仏教の要となる僧を何人も世に送り出した延暦寺は鎌倉時代には３０００もの寺院をもつ大寺院となると同時に武装化。白河《しらかわ》法皇が「意のままにならぬもの」と詠《うた》うほどの一大勢力となる。そして１５７１年、織田信長の焼き討ちによって、全山の堂・塔・伽藍が灰に帰した。信長の死後、豊臣秀吉や徳川家康や家光によって、堂・塔は再建された。

延暦寺は現在、根本中堂のある「東塔《とうどう》」、第２世天

写真提供：延暦寺

台座主・円澄《えんちょう》が開いた「西塔」、第３世天台座主《ざす》・円仁《えんにん》上人が開いた「横川《よかわ》」の３つのエリアに分かれている。

　東塔の中心は、国宝にも指定されている根本中堂。楼門に当たる文珠楼からの眺めは、まさに壮麗だ。堂内には、最澄が灯《とも》したという「不滅の法灯」が、１２００年を超えてなお、守り続けられている。

　また、本尊は最澄みずから刻んだとされる薬師如来がある。座って拝むと、本尊と目線が同じ高さになるようにつくられている。西塔には、山内最古の建造物、釈迦堂が建つ。秀吉が、三井寺（滋賀県の園城寺）から移築させたもので、天台様式の代表的なもの。ここにも最澄自作と伝わる釈迦如来が安置されている。この東塔、西塔、横川を拝観するには、山内を走るシャトルバス（有料）が便利。

写真提供：延暦寺

根本如法塔。慈覚大師円仁が大病を患った40歳のころに書き写した法華経を安置した小塔がこの塔のはじまり

常行堂・法華堂（にない堂）。同じ形をしたお堂が廊下でつながっており、その昔、弁慶が両堂をつなぐ廊下に肩を入れて担ったという言い伝えから「にない堂」と呼ばれている。※内部は非公開

## Data

住所／滋賀県大津市坂本本町4220

アクセス／京阪石山坂本線「坂本」駅下車徒歩15分坂本ケーブル「ケーブル坂本」駅より「ケーブル延暦寺」駅下車徒歩8分

時間／3月～11月：東塔地区8:30～16:30、西塔・横川地区9:00～16:00、12月：東塔地区9:00～16:00、西塔・横川地区9:30～15:30、1月～2月：東塔地区9:00～16:30、西塔・横川地区9:30～16:00（受付はそれぞれ30分前まで）

拝観料／東塔・西塔・横川地区700円、国宝殿500円　※セット券あり

安珍清姫伝説がある紀州最古の寺

# 天音山《てんのんざん》 道成寺《どうじょうじ》

天台宗／和歌山県

能や歌舞伎の演目として知られる「安珍清姫伝説」に登場する紀州最古の寺として有名。安珍と清姫の伝説に基づく古典芸能を「道成寺物」といい、日本各地の舞台で年間100公演以上が演じられている。600年以上前から道成寺では住職による安珍清姫の絵説き説法が行なわれ、人気を集めていたようだ。道成寺は、701年、文武《もんむ》天皇の勅命によって建てられ、文武天皇の妻・藤原宮子《ふじわらのみやこ》にまつわる「かみなが姫」の物語も伝えられている。創建から8世紀後半までに大伽藍が完成したようで、現在、仁王門、本堂が一直線に建てられているが、調査によれば、それぞれ創建当時の中門と講堂の位置に建てられていることがわかっている。

本尊は国宝に指定されている千手観音菩薩像。一般的に千手観音像は、本来の2本の手に40本の手が加わり、計42本で表現されることが多いが、こちらの千手観音像はさらに2本を加えた44本の手をもつ珍しい仏像だ。さらに脇侍の日光菩薩像と月光菩薩像も国宝に指定されている。こちらも一般的に日光菩薩像と月光菩薩像は薬師如来の脇侍として、薬師三尊像を構成することが多い。日光菩薩像と月光菩薩像を脇侍とした千手観音像はとても特徴的な構成だ。いずれも西暦800〜850年ごろ、平安時代初期の作。

写真提供：道成寺

## 国宝 千手観音像

平安時代初期の作で、ヒノキの一木造。像高は千手観音が3.2メートルという大きさ。1994年に国宝に指定された

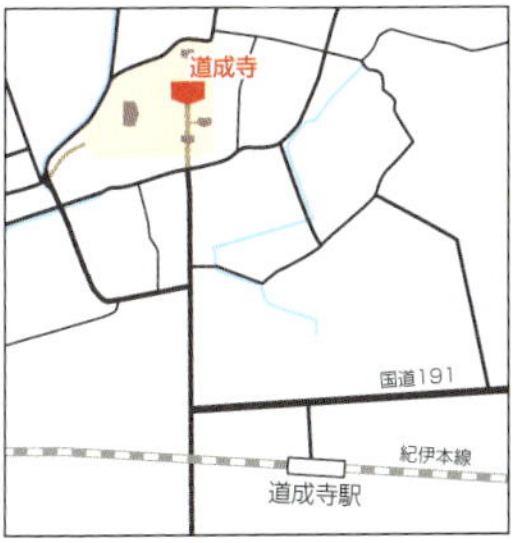


### Data

住所／和歌山県日高郡日高川町鐘巻1738
アクセス／JR紀勢本線「道成寺」駅から徒歩8分
時間／境内自由
拝観料／600円、境内無料

# 宝珠山《ほうじゅさん》 立石寺《りっしゃくじ》

天台宗／山形県

書写の法華経を奉納する納経堂。寺院は山壁に展開している

「閑《しず》かさや　岩にしみ入る　蝉の声」
松尾芭蕉《まつおばしょう》の句で知られる立石寺は、岩盤が切り立つ険しい山にある名刹。

創建は860年。清和天皇の勅願で慈覚大師こと円仁《えんにん》上人が開いた。開山から1100年以上続く「不滅の法灯」は、本山の比叡山延暦寺（滋賀県）から分けられたもので、教えが脈々と伝えられていることが感じられる。

本堂の根本中堂は、1356年に再建されたものだ。慈覚大師作の本尊・薬師如来像を安置している。百丈岩の上に建つ開山堂は崖下の自然窟に慈覚大師が埋葬されており、朝夕1日2回、食飯と香が供えられている。

住所／山形県山形市山寺4456-1

大書院前には小堀遠州好みの枯山水庭園が広がっている

# 曼殊院門跡《まんしゅいんもんぜき》

天台宗／京都府

天台宗《てんだいしゅう》五門跡《ごもんぜき》のひとつ。門跡は、皇室一門が住職であったことを意味し、勅使門の両側の塀に残る5本の白い筋はその格式を今に伝える。

曼殊院門跡は最澄の比叡山の道場から始まり現在の地に落ち着いたのは1656年。良尚法親王《りょうしょうほうしんのう》が入寺し、現在の京都御所近くの曼殊院を一乗寺村へ移転し、伽藍を整備した。

曼殊院は「小さな桂離宮」ともいわれ、大書院は杉戸の金具に瓢簞《ひょうたん》や扇子をあしらうなど、優れた意匠がうかがえる。庭園は小堀遠州《こぼりえんしゅう》好みと伝えられているが、当時の門跡・良尚法親王の高い美意識が入っているといわれている。

住所／京都府京都市左京区一乗寺竹ノ内町42

世界遺産

那智の大滝を借景にした西国霊場の一番札所

# 那智山《なちざん》 青岸渡寺《せいがんとじ》

天台宗／和歌山県

西国三十三所霊場の第一番札所。那智の大滝を背景にした朱塗りの三重の塔で知られる寺だ。この寺に隣接する熊野那智大社《くまのなちたいしゃ》は、熊野本宮大社《くまのほんぐうたいしゃ》、熊野速玉大社《くまのはやたまたいしゃ》とともに熊野三山のひとつで、熊野那智大社と青岸渡寺は神仏習合の一大修験道場だった。

創建は4世紀、インドからやってきた裸形上人《らぎょうしょうにん》が、那智の大滝で修行をし、感得した如意輪観音菩薩を祀《まつ》った庵を建てたのが起こりとされる。のちに、推古《すいこ》天皇の勅願により、生仏《しょうぶつ》聖《ひじり》が伽藍を建立し、丈六《じょうろく》の如意輪観音菩薩を安置。その胎内には、裸形上人の如意輪観音菩薩が納められているという。

現在の本堂は、豊臣秀吉の命により1590年に再建された桃山様式の建築物。秀吉が寄進した直径1・4メートル、重さ450キロという大きな鰐口《わにぐち》が掲げられている。本堂の北に建つ宝篋印塔《ほうきょういんとう》と鐘楼の梵鐘《ぼんしょう》は、ともに鎌倉時代のもの。明治の廃仏毀釈《はいぶつきしゃく》のため、境内には比較的新しい建造物が多いなか、古《いにしえ》の風格を感じさせる。

なお、先述の本尊は秘仏。通常は、御前立《おまえだち》（秘仏の代わりに安置されている仏像）の拝観となるが、この御前立の優美な表情も魅力的だ。

本堂には再建の際、豊臣秀吉より寄進された日本一の大鰐口がある

三重の塔と那智滝。朱塗りの塔と白く煙る滝とのコントラストが絶好のシャッタースポット

## Data

住所／和歌山県東牟婁郡那智勝浦町那智山8
アクセス／JR紀勢本線「紀伊勝浦」駅または「那智駅」から熊野交通バス「神社お寺前駐車場（那智山）」すぐ
時間／青岸渡寺5:00～16:00、三重の塔8:30～16:00
拝観料／三重の塔300円

古来の竹林にたたずむ東海地方きっての古寺

# 霊鷲山《りょうじゅせん》 真福寺《しんぷくじ》

天台宗／愛知県

東海地方では最古とも呼ばれるのが、594年創建の真福寺だ。飛鳥時代、蘇我《そが》氏との政争に敗れた物部守屋《もののべのもりや》の次男・真福《まさち》は三河に流されたが、山中の清泉から薬師如来が出現したので、これを祀って真福寺を築いた。さらに、聖徳太子《しょうとくたいし》が敷地を寄進したとも伝えられる。

その後、鎌倉時代に大きく発展し、最盛期には36坊もの末寺を抱え、のちに室町幕府を開いた尊氏《たかうじ》ら足利《あしかが》一族から庇護を受ける。しかし、戦国時代以降は次第に衰退した。

寺の宝物館である菩提樹館には、江戸時代に描かれた慈恵大師画像、徳川慶喜《とくがわよしのぶ》が明治天皇に献上したという菊文様の浮かんだ菊花石などを所蔵する。なかでも、6~7世紀の白鳳時代につくられた薬師如来の仏頭は、愛知県内では最古のものだ。

駐車場から本堂に向かう道には、よく手入れされた竹林が広がり、真福寺ではここで採れる竹の子を古くから精進料理に用いてきた。参拝客も、寺で採取した素材による竹膳料理を味わうことができる。

メニューは、竹の子ご飯、田楽、煮付け、吸い物、天ぷらなど竹の子づくしで、器もすべて竹細工となっている。コースは一人1296円のものからあるが、予約が必要だ。

本堂。本堂の中心に八角の御堂があり、そのなかの井戸の水が御本尊

眼病に霊験があるという水で育った竹の子を竹膳料理で楽しむことができる

写真提供：真福寺

## Data

住所／愛知県岡崎市真福寺町字薬師山6
アクセス／名鉄「東岡崎」駅よりタクシー約20分、東名高速・岡崎インターチェンジ、伊勢湾岸自動車道・豊田東インターチェンジから車で約15分
時間／菩提樹館9:00～16:00、参集館（食事処）11:00～14:00
拝観料／菩提樹館370円

## 極楽からのお迎えを表現した阿弥陀三尊像

# 魚山《ぎょざん》 三千院《さんぜんいん》

天台宗／京都府

京都市街から車でおよそ30分。貴人や仏教修行者の隠棲の地として知られた大原の里に建つ三千院は、天台三門跡寺院のひとつ。起源は、延暦年間（782―806年）、伝教大師最澄が比叡山に建てた「円融房《えんにゅうぼう》」にさかのぼる。以後、幾度かの移転を経て、明治に入って現在の場所になった。

往生極楽院は、もともとこの地にあった阿弥陀堂。舟底型天井の堂内には、あつらえたかのように、阿弥陀三尊像がぴったりと納められている。この三尊像は信者の臨終に際して、阿弥陀如来やその眷属《けんぞく》が極楽浄土から迎えに来られるようすが表現されている。阿弥陀如来は手を来迎印の形に結び台座に坐し、向かって右側の観世音菩薩は蓮台を捧げ、左側の勢至菩薩は合掌している。両菩薩は膝を少し開き、上半身を前屈みにする「大和坐り」といわれる珍しいお姿で、往生者をお迎えするまさにその一瞬を表しているといわれる。平安時代を代表する三尊像として国宝に指定されている。

境内はせせらぎの音が響きわたる聚碧園《しゅうへきえん》と、苔に覆《おお》われた地面と杉の木立が楽しめる有清園というふたつの庭園がある。愛くるしいわらべ地蔵が、苔の間から顔を出しているのも一興だ。

写真提供：三千院

## 国宝　阿弥陀三尊坐像

往生極楽院本堂に安置されている阿弥陀三尊像。三尊像のほうが建物より大きいため、本堂は中央が高くなった舟底型天井という特殊なつくりになっている

### Data

住所／京都府京都市左京区大原来迎院町540
アクセス／京都バス「大原」から徒歩10分
時間／3月～12月7日 8:30～17:00、12月8日～2月 9:00～16:30（閉門は、それぞれ30分後）
拝観料／700円

世界遺産

# 関山《かんざん》 中尊寺《ちゅうそんじ》

写真の新覆堂のなかに藤原４代の御遺体と副葬品が納められた金色堂がある

天台宗東北大本山／岩手県

中尊寺は、８５０年、慈覚《じかく》大師こと円仁によって創建。12世紀に入って、奥州藤原氏の初代・清衡《きよひら》が、戦乱で亡くなった霊を弔うために金色堂をはじめとした堂塔を建立した。14世紀の火災で多くの伽藍を焼失するが、金色堂は１１２４年に上棟《じょうとう》されたもので、当時のようすを今に伝える貴重な建造物だ。また、本堂には比叡山から分けられた「不滅の法灯」が今も守られており、天台宗の東北大本山としての格式が感じられる。

また、中尊寺にはさまざまな文化遺産が現在も残っており、２０１１年には中尊寺を含む「平泉の文化遺産」が世界遺産に登録されている。

住所／岩手県西磐井郡平泉町平泉衣関２０２

## 東叡山《とうえいざん》 寛永寺《かんえいじ》

天台宗関東総本山／東京都

寛永寺は徳川家光公の発願、天海《てんかい》大僧正を開山として1625年に建立された徳川家の菩提寺。比叡山延暦寺にならい、江戸城の鬼門に位置した伽藍を築いたが、戊辰《ぼしん》戦争で堂塔を焼失し明治政府にかなりの境内地を没収された。大政奉還の後、徳川慶喜《とくがわよしのぶ》公が蟄居《ちっきょ》した書院「葵の間」は非公開だが現在も保存されている。

住所／東京都台東区上野桜木1-14-11

不忍池辯天堂は、天海大僧正が琵琶湖の竹生島になぞらえて建立したもの

写真提供：寛永寺

## 毘沙門堂門跡《びしゃもんどうもんぜき》

護法山《ごほうざん》 安国院《あんこくいん》 出雲寺《いずもじ》

天台宗／京都府

天台宗五門跡のひとつ、毘沙門堂。703年に創建され、その後荒廃するも、1665年、天海・公海《こうかい》両大僧正によって再興された。本堂には、伝教大師こと最澄の作とされる毘沙門天が祀られている。また、霊殿や宸殿《しんでん》などは御所から移築されたもので、天井画やふすま絵は、角度により、動いて見えることでも有名。

住所／京都府京都市山科区安朱稲荷山18

本堂。柱から突出している部分（木鼻）には象の彫刻が施されている

写真提供：毘沙門堂

世界遺産

## 空海がつくった山上の宗教都市

# 高野山《こうやさん》 金剛峯寺《こんごうぶじ》

高野山真言宗総本山／和歌山県

標高約800メートル、117寺の寺院が集まる山上の宗教都市ともいえる高野山。その寺域は「一山境内地」といわれ、山全体が境内となっている。唐から戻った弘法大師こと空海が、真言密教の道場を開くべく、嵯峨《さが》天皇から高野山の地を与えられたのは、816年。翌年から伽藍の造営に取りかかるも、なかなか進まず、高野山第2世・真然《しんぜん》大徳が空海の入定後およそ20年の歳月をかけて伽藍を整えた。

現在の高野山内のひとつめの聖地は、「壇上《だんじょう》伽藍《がらん》」。空海が、最初に伽藍を建てようとした場所で、本堂にあたる金堂や、空海が暮らしたという御影堂《みえどう》、鮮やかな朱塗りで知られる根本《こんぽん》大塔《だいとう》など、主要な建物が集まっており、とくに根本大塔の初代のものは、真言密教のシンボルとして、空海と真然、2代にわたって造営されたもの。堂内には立体曼荼羅《まんだら》がつくられていた。現在のものは、1937年、空海の入定後1100年を記念して再建されたもの。

山内で最も山深い位置にあるのが、奥之院。壇上伽藍と並ぶ二大聖地だ。「一ノ橋《いちのはし》」を渡り、杉の古木が並ぶ参道を歩くと、空海が入定している御廟《ごびょう》がある。参道には、歴史的な人物た

奥之院に続く御廟橋。その奥に弘法大師を祀る大師御廟がある。御廟橋の先は聖域とされ、飲食、写真撮影、喫煙も禁止となる

ちの石塔が立ち並び、古《いにしえ》より、多くの人々が、この地を訪れ、祈りを捧げたことを実感させられる静謐な場所だ。

そして高野山の総本山にあたるのが、前出の金剛峯寺。１５９３年に豊臣秀吉が亡母の菩提のために建立した青巌寺《せいがんじ》がもとになっており、１８６８年に金剛峯寺と改称。その後、１８６９年に隣接していた興山寺と合併し全国の末寺を代表する総本山となった。

東西30間、南北35間というとてつもなく大きな本坊のほか、寺内の書院、茶室、美しいふすま絵もじっくり楽しみたいところ。国内最大の石庭・蟠龍庭《ばんりゅうてい》も必見。また、真言宗における呼吸法・瞑想法の極意ともいえる阿《あ》字観《じかん》体験も１日４回（約１時間、参加費１５００円）行なわれており、予約なしで気軽に参加できる。

高野山のグルメといえば、ごま豆腐。ごまの表皮を丁寧にむいて中身だけをすり潰して使うので、際立って白いのが特徴

高野山金剛峯寺の正門

**Data**

住所／和歌山県伊都郡高野町高野山132
アクセス／南海高野線「極楽橋」駅下車、南海高野山ケーブル「高野山」駅から山内路線バス「千手院橋」駅下車すぐ
時間／8:30～17:00
拝観料／500円（堂・塔によって要別途料金、共通券あり）

世界遺産

「立体曼荼羅」を擁する京都の玄関口

# 東寺《とうじ》

## 八幡山《はちまんさん》　教王護国寺《きょうおうごこくじ》

東寺真言宗総本山／京都府

京都のシンボルマークのひとつともいえる五重塔を境内にもつ東寺。もとは、平安京の鎮護のために、都の正門・羅城門《らじょうもん》の東西それぞれに建てられた東側の官立寺院で、現存する唯一の平安京の遺構だ。創建は、平安京造営の2年後、796年。823年に嵯峨《さが》天皇が、唐から戻った弘法大師こと空海に与え、以後、真言密教の根本道場となった。

東寺の正門は、南大門。幅約18メートル、高さ約13メートル、彫刻が精緻に施された桃山文化の特徴が見られるもので、1895年に三十三間堂から移築された。この南大門から、金堂、講堂、食堂が一直線に並んでおり、この伽藍配置は創建時から変わっていないとされる。

創建後、最初に建てられたのが金堂。1486年の土一揆で焼失するも、1603年、豊臣秀頼《ひでより》の寄進によって再建された。宋の影響を受けた天竺《てんじく》様と日本固有の和様を合わせた桃山文化の特徴が見てとれる。

そして、空海自身によって建立されたのが講堂。金堂同様、1486年の土一揆で焼失したがすぐに再建、現在に至る。真言密教の教えを広く伝えるべく、その中心的な場としてつくら

**国宝** 帝釈天半跏像

講堂の「立体曼荼羅」のうちの1体。9世紀の作だが、頭部のみ後世に補修された。その美しい顔立ちに、魅了される人が後を絶たない

写真提供：便利堂

東寺の金堂。内部には本尊の薬師如来坐像と日光菩薩、月光菩薩の両脇侍像が安置されている

れたもので、堂内には、その教えを視覚的に表した「立体曼荼羅」がある。大日如来を中心にして、21の仏像が並ぶそのようすには、ただただ圧倒される。

空海が次に着手したのが、五重塔。これまでに4度焼失しているが、その都度、再建している。現在のものは、1644年に徳川家光の寄進によって建立されたものである。木造のものとしては、日本一の高さを誇る。下層と上層の屋根の大きさが、ほとんど変わらない古代様式の純和様建築で、国宝に指定されている。

塔の初層内部には、大日如来に見立てた心柱を中心に4体の如来、8体の菩薩が並ぶ密教の世界が広がっている。この初層内部は、春と秋、そして新春の時季に特別に公開されている。

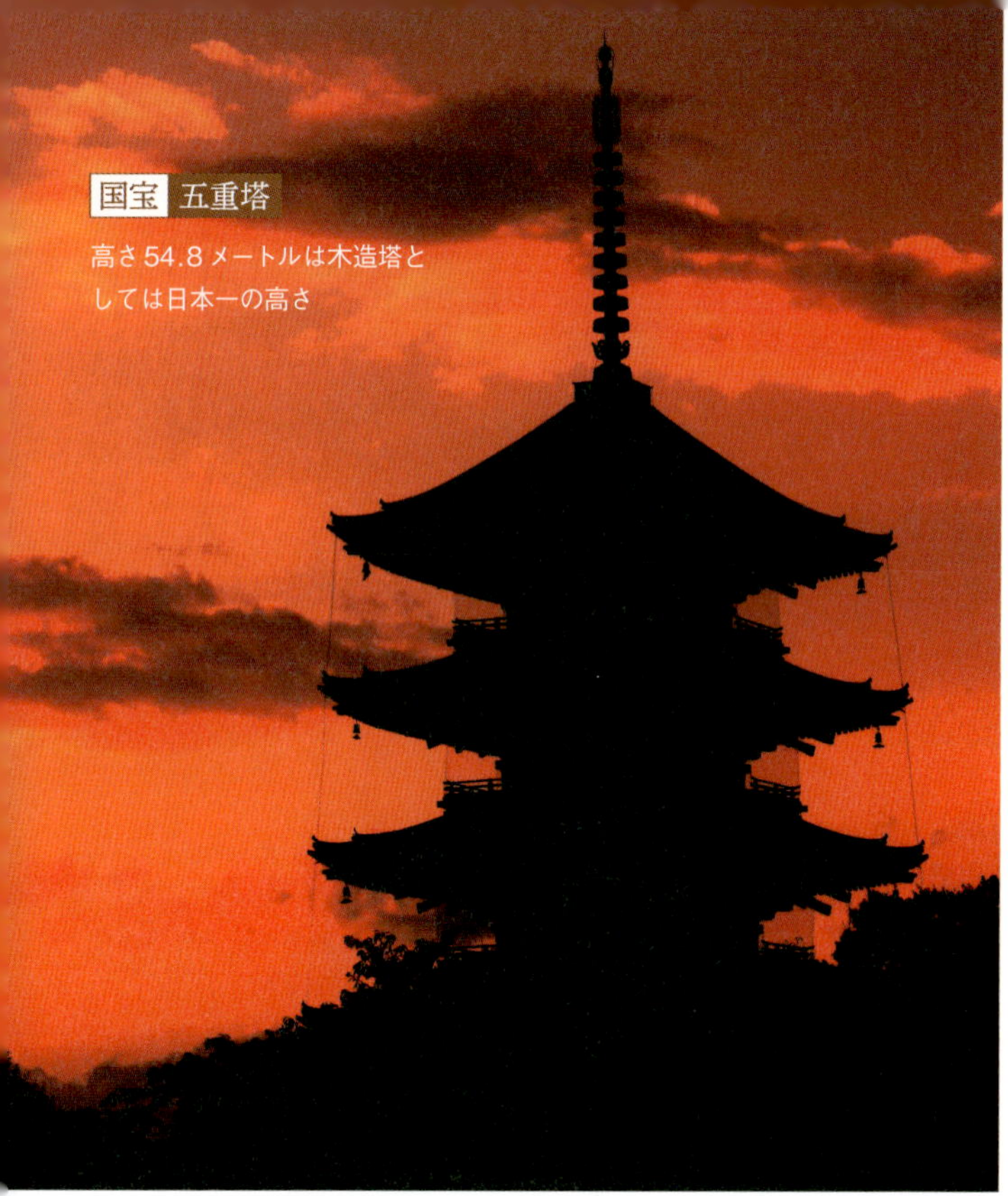

国宝 五重塔
高さ54.8メートルは木造塔としては日本一の高さ

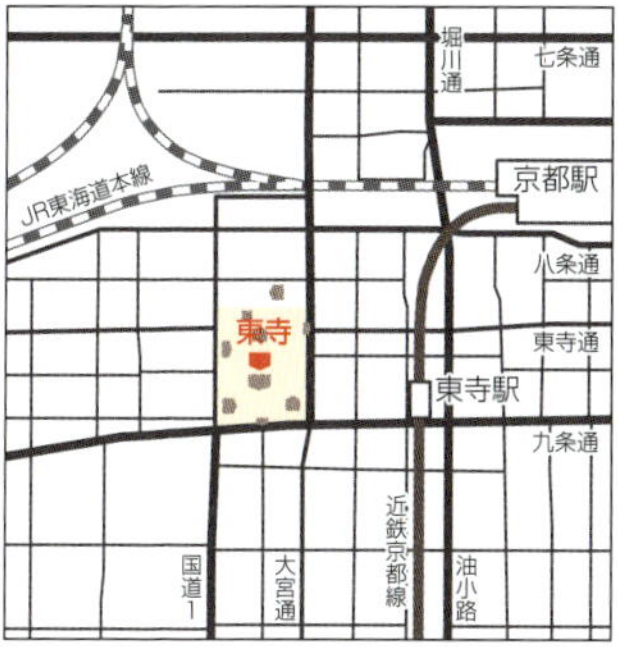


## Data

住所／京都府京都市南区九条町1
アクセス／近鉄京都線「東寺」駅から徒歩10分
時間／金堂・講堂8:00～17:00（開門は一年を通して5:00、閉門は17:00、拝観受付は16:30まで）
拝観料／境内自由（金堂・講堂500円）

塔跡が物語る大寺院の名残

# 勝宝山《しょうほうざん》 西大寺《さいだいじ》

真言律宗総本山／奈良県

764年、東大寺を建立した聖武天皇の娘・孝謙《こうけん》天皇の発願で建立された西大寺。混迷する奈良時代末期、国の鎮護のために天皇が一番に着手したのは、四天王像の造立だったとされる。創建当時は、100以上の堂・塔が並ぶ大寺院だったが、再三の火災で徐々に衰退していった。現存する堂・塔はすべて、江戸時代以降のものだ。

南大門を抜けて境内へ向かうと、本堂の手前に「東塔跡」がある。かつて高さ46メートルの塔が東西に2基建てられていたとされ、その東側の塔の礎石が残る。八角七重塔として計画されていたものが、称徳天皇の崩御によって中止、四角五重塔に変更になったという。

東塔跡の奥に建つのが本堂。東西14間、南北10間、寄棟造《よせむねづくり》の本瓦葺《ほんかわらぶき》で、土壁を使わず、板塀のみで構成されたシンプルな建物だ。堂内には本尊・釈迦如来像を安置。京都・清涼寺にある三国伝来の釈迦如来像を模したものだ。

また、西大寺には、直径40センチもの大茶碗で抹茶を回し飲みする「大茶盛式《おおちゃもりしき》」があり、現在でも正月の「新春大茶盛式」と春・秋に行なわれている。この行事は高僧・叡尊《えいぞん》が正月の修正会の結願のお礼として献茶をされ、その際に参拝客にもお茶を振る舞ったことに始まる。

重文
愛染明王坐像

秘仏なので特別開扉期間のみの拝観。愛染という名前のとおり、愛情・情欲をつかさどり、愛欲貪染をそのまま悟りの心に変える力をもつ

画像提供：奈良国立博物館（西大寺所蔵）

Data

住所／奈良県奈良市西大寺芝町1-1-5
アクセス／近鉄奈良線「大和西大寺」駅から徒歩3分
時間／本堂・四王堂:8:30～16:30、聚宝堂・愛染堂9:00～16:30
拝観料／本堂400円、四天堂300円、聚宝館300円、愛染堂300円
※聚宝館開館時期:1/15～2/4、4/20～5/10、10/25～11/15　共通券あり

日本最古の楼門、飛鳥時代創建の寺

# 法性山《ほっしょうざん》 般若寺《はんにゃじ》

真言律宗／奈良県

開基は、高句麗の僧・慧灌《えかん》。文殊菩薩をこの地に祀ったのが、その起こりとされる般若寺は、735年、聖武天皇が平城京の鬼門を守るために堂・塔を造営し、『大般若経』600巻を地中に納めたことから寺名を得たといわれる。

1180年、京都へ通ずる京街道沿いにあたることから、平家の南都攻めの戦火に遭い、伽藍はほぼ灰となってしまった。その後、鎌倉時代に西大寺の高僧・叡尊《えいぞん》により文殊菩薩の霊場として復興された。

国内最古とされる楼門の遺構も、叡尊が般若寺を復興したころに築かれたもの。上層に入母屋造の本瓦葺の屋根を配する特異な構造になっており、国宝に指定されている。また、本堂前に建つ十三重の石塔は鎌倉時代のもの。約14・2メートルと非常に高く、東大寺再建にも関わった宋の石工・伊行末《いのゆきすえ》らが築いたもの。

現在ではコスモスの寺として有名となり、時代の変遷とともに失われた堂宇の跡に咲いているのが趣深い。開花時期（9月～10月）には、境内を埋め尽くすほどのコスモスが咲き、訪れる人の目を楽しませてくれる。

© Hamachidori

国宝 楼門

鎌倉時代の建立。非常に均整のとれた形をしており、楼門建築の傑作といわれている

コスモスが本堂をおおうころはとくに、山里の古寺ならではの和やかな風情がある

写真提供：般若寺

## Data

住所／奈良県奈良市般若寺町221
アクセス／JR関西本線「奈良」駅・近鉄奈良線「近鉄奈良」駅から奈良交通バス「般若寺」下車すぐ
時間／9:00～17:00（最終受付16:30）
拝観料／500円

世界遺産

# 雅な気風が漂う皇室ゆかりの「御室御所」

## 大内山《おおうちさん》 仁和寺《にんなじ》

真言宗御室派総本山／京都府

桜の名所の多い京都において、世界遺産にも登録された最も遅咲きの桜「御室桜《おむろざくら》」で知られる仁和寺。886年、光孝天皇の「西山御願寺」と称する一寺の勅願によって建立が始まるが、翌年崩御。次の宇多天皇がその遺志を継ぎ、888年に完成させた。897年に譲位した後、宇多天皇が出家し仁和寺の初代門跡を務めたことから平安～鎌倉期には門跡寺院として最高の格式を保ち、この寺は長く「御室御所」と呼ばれていた。

しかし、伽藍の大半は応仁の乱（1467―78年）によって焼失。現在の堂・塔は江戸時代に入って再建されたもので、ちょうど慶長の御所のつくり替えの時期とも重なったことから、金堂や御影堂など、多くの建造物が御所から移築された。

なかでも、金堂は1613年に建立された内裏の正殿である紫宸殿《ししんでん》を移築したもので、現存する最古の紫宸殿であり、「仁和寺御殿」といわれる御所風建築物の特徴をもっているため雅やかさを感じることができる。ほかにも、京都三大門のひとつに挙げられる二王門や、どっしりとした風格をたたえる五重塔、渡り廊下で趣の異なる書院や庭が結ばれた御殿、国宝を多く含む仏像など、見どころが大変多い。時間の余裕をもって訪れたい。

国宝　金堂　現存する最古の紫宸殿であり、当時の宮殿建築を伝える建築物として、国宝に指定されている

北庭と呼ばれている池泉式の庭園。明治～大正期に7代目小川治兵衛によって整備された

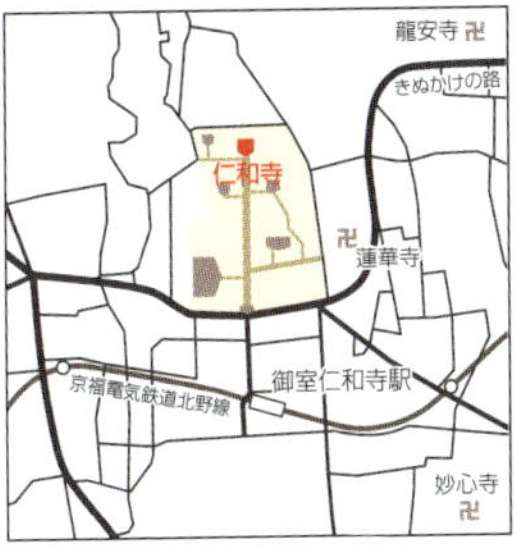


## Data

住所／京都府京都市右京区御室大内33
アクセス／京福電気鉄道北野線「御室仁和寺」駅から徒歩3分、または京都市バス「御室仁和寺前」すぐ
時間／3月～11月 9:00～17:00、12月～2月 9:00～16:30(受付はそれぞれ30分前まで)
拝観料／500円（霊宝館［期間限定］500円、茶室［5名以上、要予約］1000円、伽藍特別入山［御室桜開花時期］500円）

「飛鳥大仏」で知られる国内最古の大寺院

# 鳥形山《ちょうけいざん》 飛鳥寺《あすかでら》

真言宗豊山派／奈良県

飛鳥寺がある明日香村は、律令国家が形成された古代日本にとって政治の中心地だった。今も石舞台古墳、高松塚古墳などが周囲の自然ととけ込むように保存されており、まさに「日本人の心のふるさと」といえる。588年、百済から仏舎利が伝わったことを機に、蘇我馬子が発願、聖徳太子とともに8年の歳月を費やして建立されたといわれる日本最古の本格寺院だ。

創建当時は、塔を中心に東西と北に金堂、その周りに回廊をめぐらせた一塔三金堂の伽藍配置だった。その広さおよそ6万平方メートルといわれ、日本初の仏教寺院にふさわしい大きな規模だったことがわかる。

本尊の「飛鳥大仏」と親しまれる釈迦如来像も、年代のわかる現存の仏像としては最古。推古天皇の命により、鞍作止利《くらつくりのとり》が造立した。顔の表情も少し異国情緒が漂っている。像高はおよそ2・75メートル。2度火災に遭っており、頭部の上半分、左耳、右手指の一部のみが開眼時のものといわれている。何人も漏らさず救ってくださるという手の水かきが印象的な仏様だ。4月8日の法会、花会式が日本で最初に行なわれたのも飛鳥寺だ。当日は本堂正面の扉が開き、境内から日本最古の飛鳥大仏のお姿を拝観することができる。

©Chris 73

**重文 銅造釈迦如来坐像**

本堂に祀られている飛鳥大仏。東大寺の大仏よりも150年前のもの

かつての中金堂があった
場所に建つ飛鳥寺の本堂

©663highland

## Data

住所／奈良県高市郡明日香村飛鳥682
アクセス／近鉄橿原線「橿原神宮前」駅から徒歩40分、または奈良交通バス「飛鳥大仏前」下車すぐ
時間／4月～9月 9:00～17:30、10月～3月 9:00～17:00（ともに受付は15分前まで）
拝観料／350円

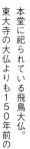

歴史的な寺宝を有する山岳信仰の古寺

# 高雄山《たかおさん》 神護寺《じんごじ》

高野山真言宗遺跡本山／京都府

紅葉の名所として知られる高雄山に建つ神護寺は、真言宗の宗祖・空海みずからが住職を務めた遺跡《ゆいせき》本山。奈良時代の貴族・和気清麻呂《わけのきよまろ》が建てたふたつの私寺が融合した寺で、創建は824年、開基は前出の清麻呂だ。

空海が住持したのは、809年から14年間。その住まいであった大師堂（再建）が現在も残る。その後荒廃するも、平安時代の末に文覚《もんがく》上人が再興した。文覚は『平家物語』で源頼朝《よりとも》に挙兵をすすめ、その後、平家一門の末裔《まつえい》にあたる六代《ろくだい》という少年の助命に奔走するキーマンとして描かれている。

堂塔は、戦火のため、多くが江戸時代以降の再建だが、寺宝はそれ以前のものも所蔵する。金堂に安置されている国宝の薬師如来立像は神護寺の御本尊で、常時拝観することができる。鋭いまなざし、太い鼻筋と肉付きよい小鼻、への字に引き締めた唇。拝するものに畏怖の念を起こさせるこのような厳しい異相は、禁欲的な山岳修行者の存在が生み出したものかもしれない。このほか、毎年5月の虫払い行事では国宝平重盛像や、教科書でおなじみの源頼朝の肖像画・国宝源頼朝像など数々の寺宝が一般公開されている。

毘沙門堂と五大堂。境内の一番奥には素焼きの皿を思いっきり投げて、厄除けをする「かわらけ投げ」がある

写真提供：神護寺

**国宝 薬師如来立像**

病をもたらす怨念や呪詛から人々を救ってくれる薬師如来。神護寺の薬師如来立像はその迫力からとくに力が強いと人々の信仰を集めた

**Data**

住所／京都府京都市右京区梅ヶ畑高雄町5
アクセス／JRバス高雄・京北線「山城高雄」から徒歩20分
時間／9:00～16:00
拝観料／600円

# 旧《きゅう》嵯《さ》峨《が》御《ご》所《しょ》 大覚寺《だいかくじ》

**真言宗大覚寺派大本山／京都府**

重文 宸殿

東福門院の宮殿を移築したものと伝えられる

平安京遷都から15年、809年に即位した嵯峨天皇は、葛野《かどの》の地（現在の嵯峨野）に檀《だん》林《りん》皇后との新居に嵯峨院を建立。これが大覚寺の前身・離宮嵯峨院となる。

その後、876年に嵯峨天皇の孫にあたる恒寂入道親王を開山として大覚寺を開創。ゆえに、大覚寺の建造物は、皇室ゆかりのものが多い。

宸殿《しんでん》は、後水尾天皇の中宮・東福門院の宮殿を移築したもの。新しいもので、大正天皇の即位式が行なわれた饗宴殿が御影堂として移築された。境内西側は、諸堂が回廊で結ばれた建造物のエリア。東側は「大沢池」を中心にした名勝。皇室らしい気品が感じられる寺だ。

住所／京都府京都市右京区嵯峨大沢町4

# 矢田寺《やたでら》

## 矢田山《やたさん》 金剛山寺《こんごうせんじ》

写真提供：矢田寺

本堂。境内には約60種のアジサイが植えられている

高野山真言宗／奈良県

「あじさい寺」として全国的に有名な矢田寺の創建は飛鳥時代。天智天皇の次の皇位を争った壬申《じんしん》の乱の際、天智天皇の弟とされる大《おお》海人皇子《あまのみこ》が必勝祈願に矢田山を訪れた。そして大海人皇子が天武天皇として即位した後の679年に、智通《ちつう》僧上に命じて七堂伽藍48カ所坊を造営させたのが起こり。

矢田寺の本尊は、地蔵菩薩。地蔵菩薩は、右手に錫杖《しゃくじょう》、左手に宝珠をもつ場合が多いが、この矢田寺の地蔵菩薩は、右手の親指と人差し指を結んだ独特のもので、「矢田型地蔵」と呼ばれる。貞観《じょうがん》時代（859－877年）のもので、日本最古の延命地蔵となる。

住所／奈良県大和郡山市矢田町3549

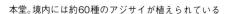

# 岡寺《おかでら》

## 東光山《とうこうさん》　龍蓋寺《りゅうがいじ》

**真言宗豊山派／奈良県**

岡寺の伽藍

西国霊場の第7番札所である龍蓋寺は、「岡」という山の中腹にあることから「岡寺」と呼ばれ親しまれている。7世紀の末、天智天皇の勅願によって建てられた。

開基となる義淵《ぎえん》僧正は、観音様の申し子として天智天皇に引き取られ、天武天皇（天智天皇の弟とされるが異説あり）の息子にあたる草壁皇子と少年時代をこの地で過ごし、皇子が早世した際にその弔いのために建立したという伝説が残っている。

境内には、重要文化財に指定されている仁王門をはじめ、本堂には塑像としては国内最大で、女性の厄除け信仰を集めている如意輪観音像が安置されている。

住所／奈良県高市郡明日香村岡806

# 石光山《せっこうざん》 石山寺《いしやまでら》

東寺真言宗／滋賀県

月見亭から見た月。石山寺では、毎年中秋の名月の時期に「秋月祭」が開催されている

747年、聖武天皇の勅願により、奈良・東大寺の開祖の良弁が聖徳太子の念持仏をこの地に祀り創建した。平安時代に観音信仰がさかんになると、朝廷や貴族と結びつき高い地位を占める。

当時、貴族の女性たちの間では石山寺の観音堂で読経しながら一夜過ごすのが流行し、『枕草子』の清少納言、『蜻蛉日記《かげろう》』の藤原道綱の母も石山寺のことを記している。紫式部も十五夜の月を眺めた時に『源氏物語』の着想を得たといわれている。境内には、国宝の本堂や多宝塔がある。寺名の由来になった天然記念物の硅灰石《けいかいせき》の岩盤も見ることができる。

住所／滋賀県大津市石山寺1-1-1

『万葉集』にも詠われる花の御寺

# 豊山《ぶさん》 長谷寺《はせでら》

真言宗豊山派総本山／奈良県

真言宗をはじめ密教系の寺院は山の地形をそのままに伽藍を形成することが多い。この長谷寺は、まさにその典型のような古刹。『万葉集』に「こもりく（隠國）の泊瀬山《はつせやま》……」とも詠われており、春はボタン、夏はアジサイなど四季を通して花が咲き、「花の御寺《みてら》」と称される。平安時代は「初瀬詣で」が流行し、『源氏物語』にも登場する。

創建は686年、道明《どうみょう》上人が天武天皇の病気平癒を祈り、「銅板法華説相図」（国宝）を安置し、三重塔を中心とした「本《もと》長谷寺」を建てたのがその起こり。本尊は、高さ10メートルもある十一面観音菩薩。727年に徳道《とくどう》上人が、長谷寺の前身ともいえる「後長谷寺」をつくり、十一面観音菩薩像を山内に祀って以来、何度も災禍に見舞われるも、その度に再造。現在のものは室町時代のものだ。その後、徳川幕府の手厚い庇護を受け、江戸時代を通して隆盛を極めている。家康から家定まで将軍13代の肖像画も所蔵しており、特別に公開される。

長谷寺といえば長谷型燈籠と呼ばれるシンプルな丸い燈籠が架けられた長い回廊が有名。春には7000株のボタンがこの回廊を包む。ボタンやアジサイなど、「花の御寺」との異名をとるほど四季を通して花に彩られる。

国宝 本堂

本堂の前面は京都の清水寺本堂と同じく懸造（舞台造とも）になっており、ここからの眺めは絶景だ

写真提供：長谷寺

ボタンの花が咲くころの登廊

## Data

住所／奈良県桜井市初瀬731-1
アクセス／近鉄大阪線「長谷寺」駅から徒歩15分
時間／4月～9月 8:30～17:00、10月～11月・3月 9:00～17:00、12月～2月 9:00～16:30（「ぼたん祭」期間等時間延長あり）
拝観料／500円

## シャクナゲに包まれる優美な五重塔は必見

# 宀一山《べんいちさん》 室生寺《むろうじ》

真言宗室生寺派大本山／奈良県

真言宗の寺で、女人禁制をしいた高野山に対して、室生寺は女性にも開かれたことから「女人高野」とも呼ばれ広く親しまれるようになった。創建は古く、奈良時代の終わり、のちに桓武天皇となる山部《やまのべ》親王の病気平癒のために5人の僧が室生山で延命法を習得したことから、興福寺の僧・賢璟《けんけい》を開基とし、同じく興福寺の修円《しゅえん》が伽藍を整えたと伝えられている。

室生寺といえば、山中に悠然と建つ国宝に指定されている五重塔があることで有名。この五重塔は1998年の台風によって甚大な被害に遭っている。しかし多くの人の助けにより、およそ2年で修復が完了したのは、記憶に新しい。なおこの修復の際の調査により、800年ごろの木材でつくられていたことが判明している。これは法隆寺の五重塔に次ぐ古さである。

また、室生寺の特徴として柿葺《こけらぶき》がその風格を醸す金堂や重要文化財の弥勒菩薩を安置している弥勒堂、弘法大師42歳の時の像を祀る奥の院の大師堂など、建造物だけでも文化財としての価値のあるものが多いことが挙げられる。また興福寺の法相宗をはじめ天台・真言・律宗などの高僧を迎え各宗の学問所としての役割を果たした時期があったことから、多様な仏教美術を所蔵している。これらの所蔵品は通常見られないものもあるため特別公開を利用しよう。

国宝 五重塔

屋外に立つ五重塔としては日本で最も小さく、また法隆寺五重塔に次ぐ古さ

写真提供：一般財団法人奈良県ビジターズビューロー
撮影者：矢野建彦

この地域の見どころは「朝霧」。朝霧立ちこめる室生寺はこの世のものとは思えない美しさ

写真提供：一般財団法人奈良県ビジターズビューロー
撮影者：川端康之

Data

住所／奈良県宇陀市室生78
アクセス／近鉄大阪線「室生口大野」駅から奈良交通バス「室生寺前」すぐ
時間／4月～11月 8:30～17:00、12月～3月 9:00～16:00（入山はそれぞれ30分前まで）
拝観料／600円

世界遺産

# 深雪山《みゆきさん》 醍醐寺《だいごじ》

国宝 五重塔

写真提供：醍醐寺

豊臣秀吉が最晩年に催した花見の宴が有名

真言宗醍醐派総本山／京都府

豊臣秀吉が最晩年に「醍醐の花見」という宴を催した醍醐寺。醍醐山一体を境内とする広大な寺だ。創建は８７４年、弘法大師の孫弟子・聖宝理源大師が開基。現在、「上醍醐」と呼ばれる醍醐山の頂上一帯を修行の場とする修験霊場がおもであったが、醍醐天皇の庇護のもと、麓の「下醍醐」へと寺域を拡大していった。

しかし、室町時代に応仁の乱が起こったため一時は荒廃していたが、秀吉の援助を受けて復興し、現在に至る。この時、幸いにも五重塔だけが難を逃れたため、天暦盛時の姿を今にとどめている。また醍醐寺は金堂など、多くの堂・塔が文化財の指定を受けている。

住所／京都府京都市伏見区醍醐東大路町22

## 五岳山《ごがくざん》 誕生院《たんじょういん》 善通寺《ぜんつうじ》

真言宗善通寺派総本山／香川県

「お大師さん」と親しまれる弘法大師・空海。その誕生の地が善通寺だ。京都の教王護国寺（東寺）、金剛峯寺とともに、弘法大師空海の三大霊跡のひとつ。創建は807年。唐から帰国した空海が6年後に建立した真言宗の根本道場だ。本堂は、東院にある金堂。1558年に焼失したが、江戸時代に再建された。

住所／香川県善通寺市善通寺町3-3-1

重文 東院金堂

境内は東院と西院に分かれている

写真提供：善通寺

## 随心院《ずいしんいん》 牛皮山《ぎゅうひさん》 曼荼羅寺《まんだらじ》

真言宗善通寺派大本山／京都府

小野小町ゆかりの寺として知られる随心院の創建は991年、弘法大師の8代目の弟子・仁海《にんがい》僧上が開基。1229年、後堀河天皇より門跡寺院の資格を与えられ、隆盛期には多くの堂・塔が建立されるも、応仁の乱でほとんどが焼失。1599年に九条家出身の増孝によって再興された。宮家の雰囲気が感じられる雅やかな寺だ。

住所／京都府京都市山科区小野御霊町35

所在地は小野小町が晩年を過ごした地でもある

写真提供：随心院

PART 2

# 平安時代末期～鎌倉時代の古寺

真言宗は空海没後、一時荒廃したが
民間信仰や浄土信仰とも結びつき、
鎌倉時代にかけて隆盛を迎えていった。
いっぽうで鎌倉時代は
融通念佛宗、浄土宗、浄土真宗や、
宋から帰ってきた栄西による臨済宗などが
茶道文化とともに広く受け入れられるようになる。

南禅寺　©Gregg Tavares

大阪最大の本堂をもつ融通念佛宗の総本山

# 大源山《だいげんざん》 諸仏護念院《しょぶつごねんいん》 大念佛寺《だいねんぶつじ》

融通念佛宗総本山／大阪府

大念佛寺は、日本で最初の融通念佛宗の寺院だ。創建は、1127年。鳥羽上皇の発願で、天台宗の僧・良忍《りょうにん》を開基として平野に根本道場として創建したのが始まり。平安末期以降広まった念仏信仰のさきがけとなり、国産念仏門の最初の宗派で日本最初の念仏道場といわれる。

その後、第6世良鎮《りょうちん》の没後は寺勢がふるわず、100年以上も中断されていた。1321年になって、第7世となった法明《ほうみょう》が再興するも、火災で伽藍を焼失してしまう。このため、ふたたび荒廃してしまう。江戸時代前期に第46世大通《だいつう》によって諸堂を再建、現在に至る。

現在、境内には大阪府最大の木造建築である本堂をはじめ、江戸時代につくられた鐘楼など、30余りの堂・塔が立ち並ぶ。そのなかのひとつ、境内奥の霊明殿をよく見ると、時折、「葵の御紋」が彫られた瓦が見つかる。これは、大坂夏の陣の際に、家康が立ち寄り、勝利祈願をしたためだと伝わる。大念佛寺の最大の行事は、1349年から続いている毎年5月初めに行なわれる聖聚来迎会と阿弥陀経万部会が融合された伝統行事「万部《まんぶ》おねり」。25の菩薩が来迎するようすを再現したもので、金色の面にきらびやかな衣装で、豪華絢爛《けんらん》な極楽浄土の世界を目《ま》の当たりにできる。大阪市の無形民俗文化財に指定されている。

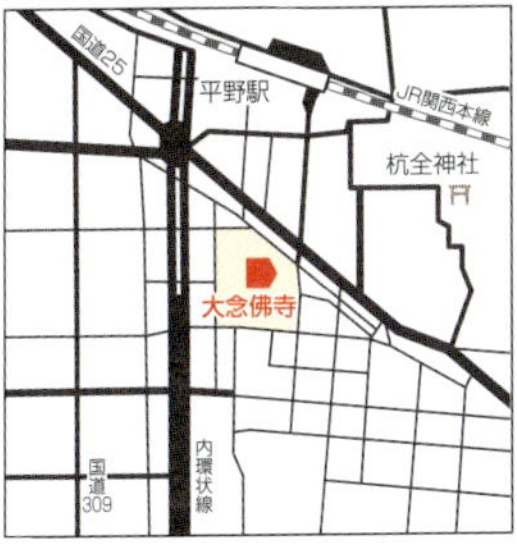


1349年から続く、大念佛寺最大の伝統行事「万部おねり」。毎年5月初めに開催される

写真提供：大念佛寺

## Data

住所／大阪府大阪市平野区平野上町1-7-26
アクセス／JR関西本線（大和路線）「平野」駅から徒歩5分
時間／9:30～17:00（受付は16:30まで）
拝観料／無料

東高野街道沿いに建つ聖徳太子創建の寺

# 錦渓山《きんけいざん》 極楽寺《ごくらくじ》

融通念佛宗中本山／大阪府

平安中期以降、都の貴族たちをはじめとした多くの人々が、弘法大師の功徳《こうとく》を得ようと高野山金剛峯寺に参詣《さんけい》するようになった。この高野詣でのためのルートはいくつかあるが、今も街道となって残っている。

そのなかの、東高野街道と西高野街道の合流地点近くに建つのが、「河内の大仏さん」で知られる極楽寺だ。

創建年は定かではないが、推古天皇の時代、天皇の病気平癒を願った聖徳太子が、この地に生えていた杉の根元に涌く霊水を京都へもち帰って、天皇に差し上げたところ、病気が治ったことから、太子が薬師如来を刻み「温泉寺」という名の寺をこの地に建てたことが始まりだという。温泉寺は、のちに荒廃するも、1321年、融通念佛宗の法明《ほうみょう》上人が再興し、現在に至る。

本堂は、1658年に建立されたが、その後老朽化。現在の本堂は、1812年のもので、本尊である阿弥陀如来像を安置している。広い境内には、鐘楼のほかに、近年造立された「河内大仏」がある。

高野街道の町並みを見晴らす高台に位置する極楽寺。
門をくぐると正面に河内大仏が現れる

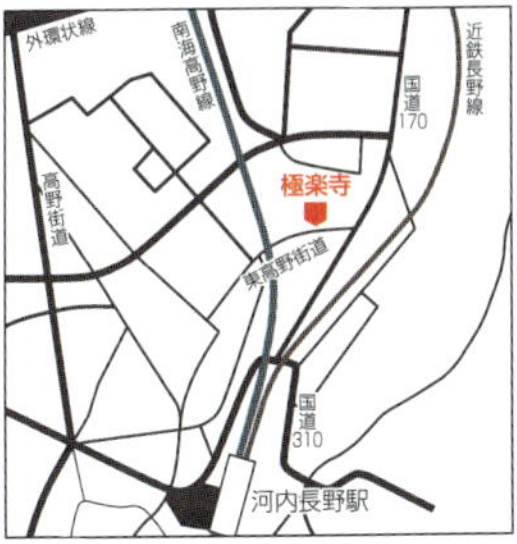


Data

住所／大阪府河内長野市古野町12-1
アクセス／南海高野線「河内長野」駅から徒歩10分
時間／境内自由
拝観料／無料

徳川家によって拡大した浄土宗の総本山

# 知恩院《ちおんいん》

## 華頂山《かちょうざん》 知恩教院《ちおんきょういん》 大谷寺《おおたにでら》

浄土宗総本山／京都府

写真提供：知恩院

京都随一の繁華街、祇園にほど近い場所に建つ巨刹。浄土宗の宗祖・法然上人が没するまでの半生を過ごした地で、法然上人の廟も祀る浄土宗の総本山だ。ゆえに、京都を訪れる観光客とともに、多くの信徒が日々、参拝に訪れる。知恩院は、比叡山を下りた法然上人が、現在の御影堂近くの吉水という場所に、草庵《そうあん》を結んだことに由来している。当時43歳であった法然上人が、80歳で没するまで、「建永の法難」で流罪になった期間を除き、この地を拠点に専修念仏の教えを説いた。

勢至堂や御廟などがある、境内上段が慎ましく静謐な雰囲気に包まれている

国宝　三門　現存する三門のなかでは国内最大級。1621年、徳川２代将軍秀忠の命によって建立された

のに対し、石段の先にそびえ立つ三門や法然上人の御《み》影《えい》を祀る御影堂などの建つあたりは、総本山の格式を感じさせる壮麗な伽藍。堂宇の多くが、国宝や重要文化財に指定されているが、これらが現在のように整備されたのは、江戸時代に入ってからのこと。代々、浄土宗を信仰していた徳川家の多大な庇護を受け、知恩院は、その寺域を拡大し、現在の規模となった。

　前出の三門は、２代将軍徳川秀忠の寄進。横幅約50メートル、高さ約24メート

**重文　大鐘楼**　高さ3.3メートル、直径2.8メートル、重さ約70トン。17名の僧侶によって撞かれる除夜の鐘は、冬の京都名物となっている

ル、東大寺の南大門を超す木造のものとしては国内最大級のもので、国宝に指定されている。この三門は、扇形に配された垂木など、典型的な禅宗様式で建てられており、浄土宗寺院の三門が禅宗様式で建てられているのも、興味深い。

また、この三門の上層内部は仏堂になっており、天井や壁には極彩色で龍や飛天が描かれ、中央には宝冠《ほうかん》釈迦牟尼仏《しゃかむにぶつ》や十六羅漢が安置されている。通常は非公開。

三門をくぐって石段を上がると、入母屋造の堂々とした建物が見えてくる。法然上人の御影を祀ることから御影堂（国宝）と呼ばれる知恩院の本堂で、3代将軍徳川家光による建立。間口約45メートル、奥行き約35メートルという徳川家の威信、勢力を感じさせられる建造物だ。

写真提供：知恩院

知恩院七不思議のひとつとされる、鶯張りの廊下。静かに歩こうとすればするほど音が鳴り、その音は鶯の鳴き声に似ているという

写真提供：知恩院

**Data**

住所／京都府京都市東山区林下町400
アクセス／地下鉄東西線「東山駅」から徒歩8分
時間／9:00～16:30（受付は～16時）
拝観料／無料（友禅苑300円、方丈庭園400円※共通券あり）

# 善導寺《ぜんどうじ》

浄土宗大本山／福岡県

1786年建立。御拝口に4本の柱が並立するという、めずらしい様式をとっている

善導寺の開山は、聖光上人《しょうこうしょうにん》。法然上人のもとで8年間の修行をした後、九州に下って48カ寺を創建した人物。善導寺が開創したのは1208年のことと伝えられ、江戸時代以降に現在の伽藍が整備されていった。

境内は、1万5000坪を超える伽藍。本堂など、8つの建造物が重要文化財に指定されており、近世寺院の姿を今に伝えている。

本堂は1786年に創建され、九州では最大の大きさ。本堂手前の経蔵《きょうぞう》は、1671年のもので内部に黄檗《おうばく》版一切経が納められている。宝物殿には、鎌倉初期以降の軸などが保存されており、その信仰の歴史を感じさせられる。

住所／福岡県久留米市善導寺町飯田550

# 報国山《ほうこくざん》 光明寺《こうみょうじ》

紅葉スポットとして有名な紅葉参道。11月下旬に見ごろを迎える

西山浄土宗総本山／京都府

所在地から粟生光明寺《あおこうみょうじ》と親しまれる光明寺。この地は、浄土宗を開いた法然上人が、1175年、比叡山を下りて初めて念仏の教えを説いた地。1185年『平家物語』に登場する熊谷次郎直実《くまがいじろうなおざね》が上人を訪ね、剃髪。名を法力房蓮生《ほうりきぼうれんせい》と改め、修行の後、粟生広谷《あおひろたに》に寺を建てたのがその起こりだ。

当初は「念仏三昧院」という寺号だったが、上人の死後、棺から光明がさしたことから、現在の寺号に改められた。堂・塔の大半が市の文化財に指定されている。本堂の役割を果たす御影堂には、上人の作という「張子の御影」が祀られており、人々がお参りに訪れる。

住所／京都府長岡京市粟生西条ノ内26-1

# 紫雲山《しうんざん》 金戒光明寺《こんかいこうみょうじ》

浄土宗大本山／京都府

重文　三重塔

桜越しに望む三重塔。1633年に建てられた

1175年、比叡山を下りた法然上人が紫雲山頂で念仏をとなえると、全山に光明がみなぎり、あたりを照らした。そこでその地に草庵を結んだという。これが浄土宗最初の寺院、のちに「くろ谷さん」と親しまれる金戒光明寺となった。

伽藍が整えられたのは第5世のころ。その後、応仁の乱によって、堂・塔の多くが焼失するも、織田信長、豊臣秀吉、さらには江戸幕府の庇護を受け、復興した。境内で最も古いのは、1605年、豊臣秀頼による阿弥陀堂。本尊、阿弥陀如来は恵心僧都《えしんそうず》の最終作で、彫刻の道具が胎内に納められている。

住所／京都府京都市左京区黒谷町121

# 誓願寺《せいがんじ》

写真提供：誓願寺

京都の繁華街にある山門と本堂

浄土宗西山深草派総本山／京都府

京都市街の中心、新京極通に建つ誓願寺は、およそ1350年の歴史をもつ。

667年、天智天皇の勅願によって奈良に創建された。その後京都へ移転し、現在の地に移転したのは、1591年、豊臣秀吉の区画整理の時だ。現在、最初に京都へ移った時の通りに元誓願寺通という名がついている。

もとは大寺院だったが、幕末の動乱や明治政府の上知令《じょうちれい》などにより、規模は縮小。今は、東西ふたつの門と本堂が残る。

現在の本堂は、1964年に建てられたもの。再建をくり返してきたため鉄筋コンクリート造で堂内が明るい。


住所／京都府京都市中京区新京極桜之町453

# 紅葉に浮かぶ堂塔とみかえり阿弥陀様

# 永観堂《えいかんどう》 聖衆来迎山《しょうじゅらいごうさん》 禅林寺《ぜんりんじ》

浄土宗西山禅林寺派総本山／京都府

通称「永観堂」。正式には、禅林寺という853年創建の古刹だ。もとは平安時代前期の文人・藤原関雄《ふじわらのせきお》の山荘があった場所で、のちに弘法大師の弟子・真紹《しんじょう》が、その場所を譲り受けて創建。863年に清和天皇から禅林寺の号を与えられた。

伽藍は、山の起伏に合わせて配置。とくに、秋は約3000本の紅葉が境内に広がり、紅葉の波間に堂塔が浮かぶようで、大変美しい。

こちらの本尊・阿弥陀如来像は「みかえり阿弥陀」と呼ばれて親しまれている。菱川師宣《ひしかわもろのぶ》の浮世絵『見返り美人図』のように、少し後ろを振り向いたようなめずらしい姿をしているからだ。その由来にはこんな話がある。

禅林寺の中興の祖とも崇《あが》められる第7世永観が、本尊・阿弥陀如来像の周りを読経しながら歩いていた。すると阿弥陀如来像が須弥壇から降りて永観を先導し始めた。驚いて立ち尽くす永観。そこで阿弥陀如来像は振り返り、「永観、おそし」と永観に声をかけた。「みかえり阿弥陀」はこの時、振り返った阿弥陀如来像の姿をしているという。

## 重文 木造阿弥陀如来立像（みかえり阿弥陀）

「みかえり阿弥陀」として知られる永観堂禅林寺の本尊像。鎌倉時代の京都の仏師による作であると考えられている

写真提供：永観堂

永観堂は紅葉の名所で、夜間拝観のさきがけといわれている。阿弥陀堂へ続く石段のライトアップは圧巻の美しさ

©Gregg Tavares

### Data

住所／京都府京都市左京区永観堂町48
アクセス／市バス「南禅寺・永観堂道」下車徒歩3分
時間／9:00～17:00（受付は～16:00）
拝観料／600円

鎌倉大仏で知られる謎に包まれた古寺

# 大異山《だいいざん》 高徳院《こうとくいん》 清浄泉寺《しょうじょうせんじ》

浄土宗／神奈川県

高さ約13メートル（台座を含む）、重さ約121トン。鎌倉の仏像として唯一、国宝に指定されている通称「鎌倉大仏」。北条得宗家の正史『吾妻鏡』によれば、その造立が開始されたのは1252年。制作には僧浄光が勧進した浄財が当てられたとも伝えられている。当初鎌倉大仏を収めていた建物については、『太平記』と『鎌倉大日記』に、1334年および1369年の大風と1498年の大地震によって損壊に至ったとの記録がある。

地名から、本尊は「長谷の大仏」とも呼ばれるが、作者も不明。運慶や快慶が属する慶派と中国・宋の影響を受けているよう。この阿弥陀如来像は、胎内に入ることができ、40回以上も鋳造をくり返してつくられていることがわかる。

この阿弥陀如来を本尊とするのが、高徳院だ。開基、開山は不明、創建年も定かではない。入口にそびえる仁王門は彫刻などの装飾を用いないシンプルなもの。18世紀初めに地方から移されたもので、両脇に銅製の仁王像が立つ。また、大仏の北には、15世紀半ばに韓国李朝宮廷内に建てられたという観月堂が建っている。また、「観月堂」のすぐそばには、「与謝野晶子歌碑」も置かれており、いかに鎌倉大仏が文化人たちにも愛されてきたのかがわかる。

## 国宝 鎌倉大仏

©鎌倉市観光協会

『吾妻鏡』によると、現在の青銅製の大仏は1252年に鋳造が始められたとされている

### Data

住所／神奈川県鎌倉市長谷4-2-28
アクセス／江ノ島電鉄「長谷」駅から徒歩7分
時間／4月～9月 8:00～17:15、10月～3月 8:00～16:45（大仏胎内8:00～16:20）
拝観料／200円（大仏胎内の拝観には別途20円必要）

世界遺産

# 龍谷山《りゅうこくざん》 本願寺《ほんがんじ》

## 秀吉の栄華を偲ぶ豪華壮麗な唐門

浄土真宗本願寺派本山／京都府

京都市民が「お西さん」と呼んでいる西本願寺は、元寇の直前にあたる1272年に起源を求めることができる。もともとは、浄土真宗を開いた親鸞聖人《しんらん》が現在の右京区に有る角坊※で往生したのち、その末娘の覚信尼《かくしんに》が親鸞の遺骨と影像を安置した廟堂だ。これが寺院として発展し、1321年ごろから「本願寺」と公式に称した。※諸説あり

戦国時代、本願寺の中興の祖である蓮如上人《れんにょ》が吉崎（福井県）と大坂石山に坊舎を建立し、京都の山科に本願寺を再興した。直轄の寺領のほか各地に門徒のネットワークをもつ本願寺は、全国支配を進める織田信長と衝突し、1570～80年には苛烈な抗争が起きる。信長と和睦し石山を退去した本願寺は、紀伊（和歌山県）の鷺森《さぎのもり》などに移り、その後、豊臣秀吉の保護を受けて1591年に京都七条堀川に再建される。このため現在の西本願寺の建築様式は、秀吉の時代らしい豪華絢爛な桃山文化の影響が大きい。とくに境内南端の北小路通に面した唐門は、黒と金のコントラストが鮮烈だ。境内の建物のなかでも国宝の飛雲閣《ひうんかく》は、秀吉が築いた聚楽第《じゅらくだい》の遺構を移したといわれるもので、金閣寺、銀閣寺と並ぶ京都三名閣と呼ばれる。

国宝 唐門

桃山時代の装飾的な彫刻があしらわれた唐門。日が暮れるまで見続けてしまうほどの見事さから、「日暮らし門」とも呼ばれている

国宝 飛雲閣

©Hideyuki KAMON

3層からなる楼閣建築。京都三名閣のひとつとして、金閣・銀閣に並ぶ

また、もとは親鸞の廟堂から発展しただけあり、阿弥陀如来像を安置した本堂よりも親鸞の木像と歴代門主の絵像のある御影堂《ごえいどう》のほうが大きいのが浄土真宗の本山の特徴だ。門徒が宗祖・親鸞聖人を慕う気持ちがよく表れている。本堂と御影堂の広縁《ひろえん》等では、鳥や木の葉や野菜などをかたどった「埋め木」と呼ばれる文様が彫られているのもユニークだ。

御影堂の前にある銀杏の木は、多数の枝が横に広がり、むしろ根のように見えることから逆さ銀杏と呼ばれる。江戸時代の天明の大火のおりには、この木から噴き出した水が火を消し止めたという伝説がある。門主と来客の対面に使われた鴻《こう》の間は広さが204畳もあり、松に鶴の図などの壁画で飾られている。白書院も豪華な内装をもつが、門主の寺務用の黒書院はこれと反対に質素な印象だ。

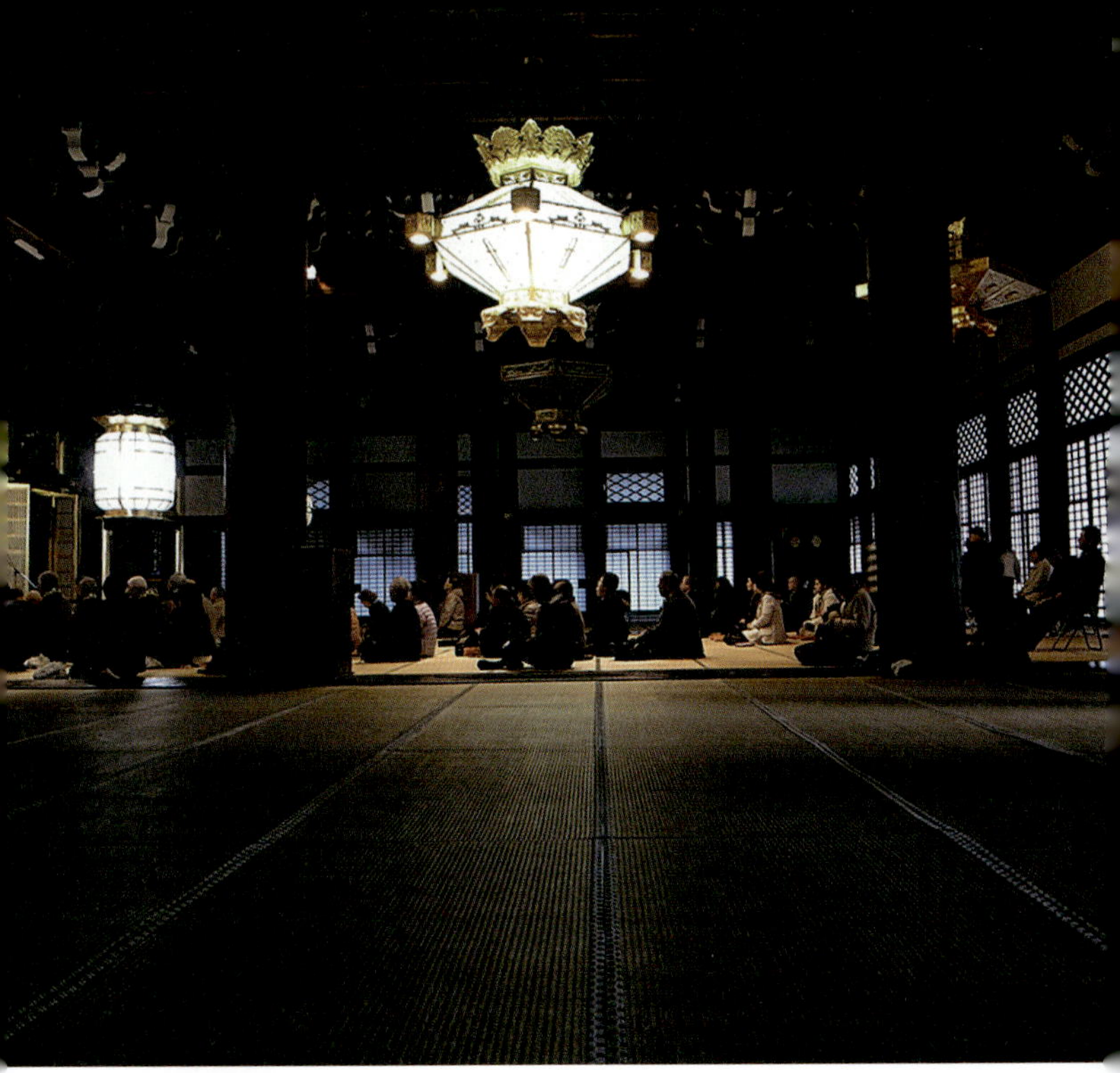

©Tamaki Sono

国宝 御影堂

内部のようす。厳かな空気が伝わってくる

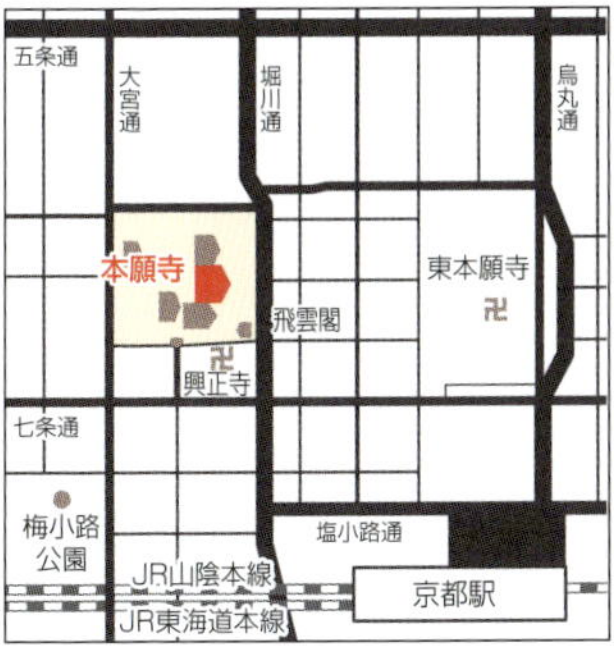


## Data

住所／京都府京都市下京区堀川通花屋町下ル

アクセス／JR東海道本線・近鉄京都線「京都」駅から市バス9番、28番、75番に乗車「西本願寺前」で下車。

時間／2018年1月～12月 5:30～17:00

拝観料／無料（志納）

写真提供：東本願寺

御影堂は世界最大級の木造建築

# 東本願寺《ひがしほんがんじ》

## 真宗本廟《しんしゅうほんびょう》

真宗大谷派本山／京都府

京都市民から「お東さん」と呼ばれる東本願寺は、正式名称を「真宗本廟」といい、真宗大谷派の本山である。江戸時代初めの1602年に本願寺（西本願寺）と別立し、第12代教如《きょうにょ》により創立した。すぐ南にそびえ立つ京都タワーは「お東さんのロウソク」と通称される。

戦国時代の末期、織田信長との石山合戦のおり、第11代顕如《けんにょ》の長男であった教如は徹底抗戦をとなえて顕如から義絶される。一時は和解しているが、豊臣秀吉より退隠を命じられ、弟の准如《じゅんにょ》が本願寺を継いだ。退隠した教如が徳川家康から京都烏丸六条と七条間の地を寄進されて、新たに築いたのが東本

世界最大級の木造建築である御影堂

願寺だ。

東本願寺は江戸時代に4度もの火災によって焼失。現在の建築物は1895年に再建されたものだ。数少ない貴重な創建時の品が、慶長9年（1604年）の銘が入った梵鐘で、過去の大火の時は地中に埋めて守られたという。

境内で現存している最古の建造物は、1867年に建てられた書院造の大寝殿だ。明治期の再建に尽力した門徒たちの熱意の跡が目を引く。

とくに、親鸞聖人の御真

写真提供：東本願寺

影（坐像）を安置する御影堂は、高さ38メートル、幅76メートル、奥行き58メートルの規模をもつ。木造建築としては世界最大級だ。この御影堂とご本尊である阿弥陀如来を安置した阿弥陀堂の建材は普通の縄では運べない重さだったため、門徒たちは毛髪を麻紐と一緒に綱に編んだ毛綱を本山へ献じた。これは現在も展示されている。

御影堂の北には宮御殿（一般公開なし）がある。旧大宮御所を解体・移築したもので、なかの畳はすべて緋色なのが特徴だ。御影堂門の北にある参拝接待所に併設して視聴覚ホールとギャラリーがある。ギャラリーでは、親鸞の著作『顕浄土真実教行証文類』（教行信証）の影印本の展示や、さまざまな企画展示がされている。地下にある視聴覚ホールでは、法話や映像上映などが行なわれている。

写真提供：東本願寺

京都タワーのモデルともいわれる「お東さんのロウソク」

徳川家光によって寄進された土地につくられた池泉回遊式庭園・渉成園（東本願寺飛地境内地）

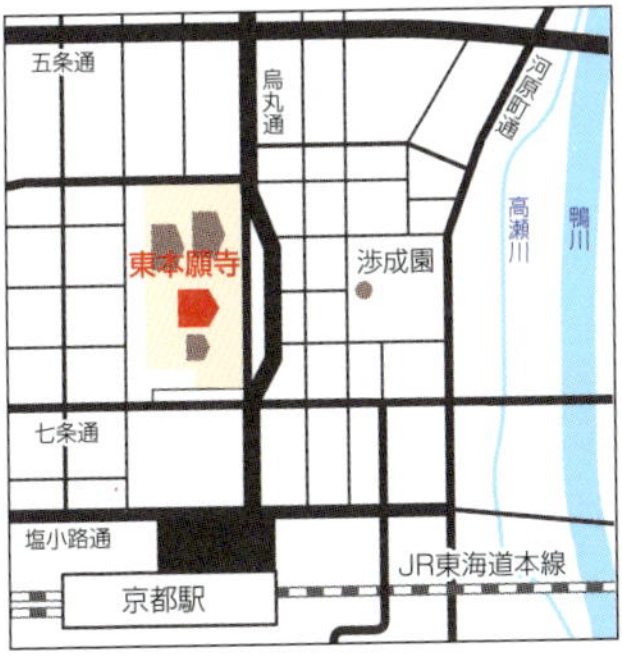


Data

住所／京都府京都市下京区烏丸通七条上ル
アクセス／JR東海道本線「京都」駅から徒歩10分、市バス烏丸七条バス停から徒歩5分
時間／3月〜10月 5:50〜17:30、11月〜2月 6:20〜16:30
拝観料／無料

# 渋谷山《じゅうこくざん》 佛光寺《ぶっこうじ》

真宗佛光寺派本山／京都府

夜間ライトアップ時の大師堂。佛光寺は隠れた桜の名所でもある

越後（新潟県）へ流罪に遭った親鸞聖人が京都に帰ってきた際に、山科に築いた庵が草創となる。当初は真宗開闢《かいびゃく》の根本道場を意味して、「興隆正法寺」とされていた。

1320年ごろに了源《りょうげん》上人によって東山渋《しぶ》谷《たに》に移転。寺号は、阿弥陀仏が盗まれた時、後醍醐天皇が夢で東南の方向から光が射し込むのを見て、人を向かわせると、仏様が藪《やぶ》のなかで光を放っていたという伝説に由来する。

本堂には平安後期の作とされる阿弥陀如来像を安置し、大師堂には親鸞の坐像が祀られている。重要文化財の聖徳太子立像は、現存する太子像で最高作品のひとつといわれる。

住所／京都府京都市下京区高倉通仏光寺下ル新開町397

## 高田山《たかださん》　専修寺《せんじゅじ》

**真宗高田派本山／三重県**

専修寺は親鸞聖人が1226年に現在の栃木県真岡市高田に築いた寺院で、1465年に津市に移転。豪華な如来堂には延暦寺から贈られた「証拠の如来」と呼ばれる阿弥陀如来像を安置している。また、専修寺が所蔵する秘仏の一光三尊佛は、「出開帳《でがいちょう》」という形でほかの寺院でも出張公開されていることがある。

住所／三重県津市一身田町2819

ハスと御影堂。夏になると境内には多くのハスの花が咲く

写真提供：専修寺

## 鹿苑山《ろくおんざん》　専照寺《せんしょうじ》

**真宗三門徒派本山／福井県**

専照寺は、専修寺を築いた真仏上人の後継者のひとりとされる如導上人が1290年に築いた。室町時代には足利義教から鹿苑《ろくおん》院《いん》の寺領を寄進されたが、江戸時代の1724年に現在の場所に移転。伽藍の大部分は終戦直後の福井大地震で壊滅し再建されているが、御影堂は江戸時代の建物で、福井県最古の木造建築だ。

住所／福井県福井市みのり2-3-7

大規模な御影堂は、1838年に再建されたもの

# 井《い》波《なみ》別《べつ》院《いん》 瑞《ずい》泉《せん》寺《じ》

©（公社）富山県観光連盟

総欅の重層入母屋造。楼上には釈迦三尊の木造を安置している

真宗大谷派／富山県

瑞泉寺の本堂の広さは450畳もあり、北陸では最大の広さであり、全国でも5本の指に入る規模を誇る。本願寺の5代綽如《しゃくにょ》上人により、1390年に開創される。

総欅《けやき》の重層入母屋造で高さ17メートルを超す山門は壮観で、富山県指定の文化財である。楼上には釈迦三尊の木像が安置している。

また、瑞泉寺は北陸における聖徳太子信仰の中心地であり、境内の伽藍では、2歳のころの聖徳太子を模した尊像を祀った太子堂が存在している。伽藍に近づくと太子堂を飾る龍や孔雀をはじめ、江戸時代後期の地元の職人によるさまざまな彫刻の数々が目を引く。

住所／富山県南砺市井波3050

## 円頓山《えんとんざん》 興正寺《こうしょうじ》

真宗興正派本山／京都府

興正寺は親鸞聖人を開祖とする真宗興正派の本山で、日本に仏教をひろめた聖徳太子の事績にちなみ「正しい法を興しさかえさす」という意味が込められている。創建は鎌倉時代に山科に建立され、度重なる移転の末、桃山時代に現在の地へ移る。明治末に築かれた御影堂は、高さ28メートル、幅33メートルと壮観だ。

住所／京都府京都市下京区堀川通七条上ル

七高僧などの御影を安置する阿弥陀堂

写真提供：興正寺

## 遍照山《へんしょうざん》 錦織寺《きんしょくじ》

真宗木辺派本山／滋賀県

858年に比叡山の慈覚大師がお堂を建て、毘沙門天像を安置させたことに始まる。親鸞聖人が1235年毘沙門天の夢告により3年余逗留し、浄土真宗の道場となる。寺号はその逗留中に「天女が舞い降り紫紅錦を織った。その錦を四条天皇に献上したところ『天神護法錦織之寺』の勅額を賜わった」ことによる。

住所／滋賀県野洲市木部826

毘沙門天像を祀る天安堂

©(公社)びわこビジターズビューロー

「西の御所」と称された日本最大の禅寺

# 正法山《しょうぼうざん》 妙心寺《みょうしんじ》

臨済宗妙心寺派大本山／京都府

伽藍《がらん》の広さは10万坪、これは東京ドームの敷地総面積の7倍以上の広さであり、その広大さには圧倒される。開山は南北朝の騒乱が始まったばかりの1337年。学識豊かな人物だった花園法皇《はなぞのほうおう》が、大徳寺を開山した宗峰妙超《しゅうほうみょうちょう》禅師のもとで禅を学び、みずからの離宮を禅寺とした。これを宗峰妙超禅師が正法山妙心寺と命名、さらに清貧で知られる禅僧・無相《むそう》大師こと関山慧玄《かんざんえげん》禅師を初代の住職に推挙して招いた。室町幕府と大内氏が衝突した1399年の応永の乱ののち、妙心寺は住職と大内氏との密接な関係のため足利義満によって没収され、一時的に天台宗の寺院にされてしまう。1432年に臨済宗のもとに返還された。そして日峰宗舜《にっぽうそうしゅん》禅師が復興に当たるものの応仁の乱で焼失。その後、細川氏の支援を受けて再建された。

このため、妙法寺の建築物は中世の南宋風の建築様式を反映しつつ、建物自体は桃山時代・江戸時代に建立されたものが多い。境内は南を正面として、北へと山門、仏殿、法堂《はっとう》、寝堂などが連なる禅宗寺院の典型的な配置だ。まず山門では観世音菩薩像と梁《はり》に描かれた壮大な龍の天井画に圧倒される。法堂の天井にも江戸時代に狩野探幽《かのうたんゆう》が描いた雲龍図がある。大庫裏《くり》では

国宝 梵鐘

吉田兼好の『徒然草』にも記述が見られる梵鐘。現在は法堂内に安置されている

写真提供：妙心寺

写真提供：妙心寺

重文 法堂

天井に描かれた狩野探幽の雲龍図は、どこから見ても龍の目がこちらをにらんでいるように描かれている

重文 山門

家康の支援を受けて1599年に創建された。毎年6月18日に行なわれる山門懺法会《さんもんせんぼうえ》の際にのみ、楼上内部が一般公開される

写真提供:妙心寺

禅寺の守護者である韋駄天像《いだてんぞう》が置かれている。浴室は、明智光秀の叔父である密宗和尚《みっしゅうおしょう》が、光秀を追善するため江戸時代に造成したもので明智風呂と呼ばれるが、残念ながら現在は入浴できない。

仏殿や法堂などの建物のほか、美術品の重要文化財も多い。宗峰妙超禅師の筆による国宝「開山道号」、桃山時代に描かれた海北友松《かいほうゆうしょう》による花奔図や狩野山楽《かのうさんらく》による龍虎図ほかの屏風絵、南宋の画家・李確《りかく》が達磨《だるま》大師を描いた水墨画、祥雲寺《しょううんじ》に弔われた豊臣秀吉の長子・捨丸の像や遺品の刀、甲冑などのさまざまな品が所蔵されている。

なかでも目を見張るのは、国宝の黄鐘調《おうしきちょう》の鐘《かね》だろう。妙心寺自体よりずっと古く、飛鳥時代の文武天皇2年(698年)の銘が入っており、日本最古の梵鐘《ぼんしょう》と呼ばれている。

退蔵院の庭園内にあるお茶席・大休庵では、季節ごとに変わる景色を楽しみながら抹茶がいただける

写真提供：妙心寺退蔵院

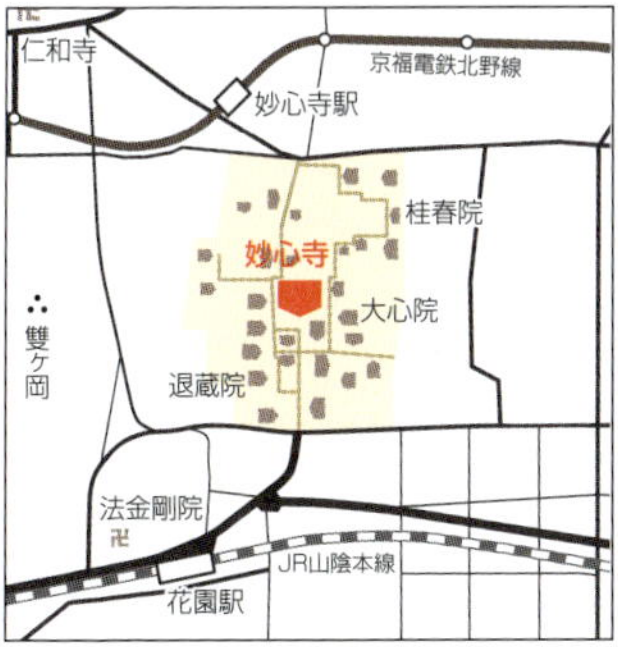


## Data

住所／京都府京都市右京区花園妙心寺町1
アクセス／京福電鉄北野線「妙心寺」駅下車すぐ、JR嵯峨野線「花園」駅下車10分
時間／11～2月 9:10～15:40、3月～10月 9:10～16:40
拝観料／大人500円、中学生300円、小学生100円

鎌倉五山の筆頭にして関東の禅寺の代表格

# 巨福山《こふくさん》 建長寺《けんちょうじ》

臨済宗建長寺派大本山／神奈川県

寺の名は、建長年間の1253年に開山されたことに由来する。時の鎌倉幕府執権・北条《ほうじょう》時頼《ときより》は、幕府の礎《いしずえ》となった源氏三代と北条一族の冥福のため、宋から渡来していた大覚《だいかく》禅師こと蘭渓道隆《らんけいどうりゅう》禅師を招いて開山した。

総門から、三門、仏殿などが並ぶ境内では、伽藍が一直線に連なっている。この配置は、創建当時の面影を残すものだという。三門楼上には、立像や坐禅像など、ポーズも表情もさまざまな五百羅漢像（非公開）がずらりと並び、参拝者たちを出迎えている。仏殿のそばには蘭渓道隆禅師が宋から持参した種をまいた柏槇《びゃくしん》の巨木があり、その高さは13メートル、樹齢はじつに760年以上といわれる。

禅寺の本尊といえば釈迦如来像が多いが、建長寺では延命地蔵尊を本尊としている。処刑場のあった場所に寺が建てられたので、刑死者たちの冥福のために地蔵菩薩を安置したといわれている。また、蘭渓道隆禅師は、禅林としての厳しい規式を設け、作法を厳重にして門弟をいましめた。そのことはみずから筆をとって記したという修行の心得（法語規則）からも察せられる。この心得は今も国宝として残されている。

写真提供：建長寺

## 重文 三門

1775年の再建。上層部には釈迦如来・五百羅漢・十六羅漢（非公開）が安置されており、その下を通ると心が清められると伝えられている

## 国宝 蘭渓道隆自賛

蘭渓道隆禅師は宋朝の純粋な禅風をもって武士や民衆を指導したといわれる

写真提供：建長寺

## Data

住所／神奈川県鎌倉市山ノ内8
アクセス／JR横須賀線「北鎌倉」駅から江ノ電バス「建長寺」下車徒歩1分
時間／8:30～16:30
拝観料／大人500円、子供200円

## 南宋の仏光国師が開山。元寇での戦没者を弔う

# 瑞鹿山《ずいろくさん》 円覚寺《えんがくじ》

臨済宗円覚寺派大本山／神奈川県

円覚寺は、明治の文豪・夏目漱石や島崎藤村、欧米に日本の禅を紹介した宗教哲学者の鈴木大拙《だいせつ》らも修行したことで知られる寺だ。その開山は、日本が2度の元寇を退けた後の1282年のこと。鎌倉幕府執権の北条時宗《ほうじょうときむね》は、建長寺を築いた大覚禅師こと蘭渓道隆《らんけいどうりゅう》禅師の没後、仏光国師こと無学祖元《むがくそげん》禅師を南宋から招いた。この仏光国師を開山とし、元寇で戦死したり嵐で溺死した敵味方双方の将兵を弔うために創建されたのだ。仏光国師は建長寺の住職も兼ね、室町時代以降は、鎌倉五山で第2位とされた。ちなみに山号の「瑞鹿山」は仏光国師の法話を聞こうとして白鹿が集まったという逸話から「めでたい鹿のおやま」という意味がある。

境内は、三門をくぐると、仏殿や修行僧の坐禅道場である選仏場、在家修行者の道場である茅葺《かやぶき》屋根の居士林《こじりん》などがあり、ここでは毎週土曜・日曜日に、一般の人も参加できる坐禅会が開かれている。

鎌倉武士に支持された禅寺らしく、建物はシンプルな直線が多いのが特徴だ。とくに目を引くのは、国宝の舎利殿《しゃりでん》と洪鐘《おおがね》だろう。舎利殿は当時の南宋式の建築様式で、北条時宗の子・貞時《さだとき》が寄進した洪鐘は高さが259・5センチもあり、関東では最大級だ。

©シャントリアン/PIXTA

国宝　舎利殿

宋の禅宗建築様式を伝える貴重な遺構。鎌倉幕府3代将軍・源実《さね》朝《とも》が宋からもち込んだ「佛牙舎利《ぶつげしゃり》」というお釈迦様の歯が祀《まつ》られている

禅の専門道場・居士林。夏目漱石らもここで参禅した

Data

住所／神奈川県鎌倉市山ノ内409
アクセス／JR横須賀線「北鎌倉」駅下車すぐ
時間／3月～11月 8:00～16:30、12月～2月 8:00～16:00
拝観料／大人300円、子供100円　※舎利殿は通常は一般公開されておらず、正月三が日・ゴールデンウィーク・文化の日の前後3日間に公開される。

# 瑞龍山《ずいりゅうさん》 南禅寺《なんぜんじ》

臨済宗南禅寺派大本山／京都府

国宝 方丈

©active-u/PIXTA

大方丈とその背後に接続した小方丈からなる。小方丈にある狩野探幽のふすま絵「水呑《みずのみ》の虎」が名高い

創建されたのは2度の元寇を乗り越えた後の1291年。もともとこの地には亀山法皇《かめやまほうおう》の離宮があり、夜な夜なもののけが出ると女官たちがうわさしていた。法皇は東福寺の第3世・無関普門《むかんふもん》禅師に相談し、禅師を招くと怪異現象がおさまったという話がある。

室町時代には京都五山の筆頭となり「五山之上」という別格扱いになる。だが、応仁の乱で堂宇が焼かれ、桃山時代以降に再建された。茶人の小堀遠州《こぼりえんしゅう》が築いた大方丈の前庭「虎の子渡し」は江戸初期の枯山水庭園として有名。また、明治の建築だが、アーチ橋の水路も見もの。

住所／京都府京都市左京区南禅寺福地町86

# 東山《とうざん》 建仁寺《けんにんじ》

臨済宗建仁寺派大本山／京都府

国宝 風神雷神図

現物は京都国立博物館に寄託。建仁寺では、高精細複製作品が展示されている

臨済宗を開いた栄西《えいさい（ようさい）》禅師が住職を務めた建仁寺は、1202年の創建。用地は、鎌倉幕府将軍・源頼家《みなもとのよりいえ》が提供した。創建時は天台、密教、禅の三宗兼学の道場として使われていた。諸堂の建築様式は、栄西禅師が留学した南宋の禅宗寺院を模したものだ。

重要文化財の勅使門《ちょくしもん》は、扉に矢の跡があり「矢立門」や「矢の根門」と呼ばれる。本尊の釈迦如来坐像が安置された法堂は、2階建てに見えるが1層構造で、天井に描かれた双龍図が見もの。国宝である俵屋宗達《たわらやそうたつ》の「風神雷神図」、海北友松《かいほうゆうしょう》のふすま絵「竹林七賢図」「山水図」など多くの文化財を所蔵する。

住所／京都府京都市東山区大和大路四条下ル小松町

# 御許山《おもとさん》 佛通寺《ぶっつうじ》

臨済宗佛通寺派大本山／広島県

©広島県

深秋の時期には紅葉が境内に彩りを添える

佛通寺は1397年の創建。初代の住職となった佛徳大通《ぶっとくだいつう》禅師こと愚中周及《ぐちゅうしゅうきゅう》禅師は、元に留学した時の恩師である金山寺の佛通禅師から佛通寺の名前をつけた。多くの建築物は戦乱で一度失われたのちに再建されたものだが、佛通禅師と大通禅師の像を安置した開山堂は建築当時のままの姿だ。この堂の戸は釘を用いずにつくられているという。

境内には画家の雪舟が滞在したという篩月《しげつ》庵《あん》の跡地があり、山頂では座禅石、夫婦岩などの奇岩が見られる。参道に沿って流れる佛通寺川の巨蟒橋《きょもうきょう》には不心得者が渡ろうとすると蟒蛇《うわばみ》が現れておどすという伝説がある。

住所／広島県三原市高坂町許山22

# 慧日山《えにちさん》 東福寺《とうふくじ》

臨済宗東福寺派大本山／京都府

禅宗様としては日本最古の三門。焼失を免れている

東福寺の名は奈良の東大寺と興福寺から一文字ずつ取られている。創建を進めたのは摂政の九條道家《くじょうみちいえ》で、1236年から19年が費やされ、その途中の1243年に聖一国師《しょういちこくし》こと円爾弁円《えんにべんえん》禅師によって開山された。当時、京都最大の伽藍を誇り、天台、真言、禅の3宗派の兼修道場として使われた。国宝の三門は、日本の寺院の三門では最古のもの。ちなみに東福寺では「三解脱門《さんげだつもん》」の略という意味で「山門」ではなく「三門」と表記される。

ほかに、仏殿と開山堂の間の渓谷を結ぶ通《つう》天橋《てんきょう》の景色も見もの。屋根つきの空中廊下から眺める秋の紅葉は絶景として名高い。

住所／京都府京都市東山区本町15-778

世界遺産

# 霊《れい》亀《き》山《さん》 天《てん》龍《りゅう》寺《じ》

臨済宗天龍寺派大本山／京都府

写真提供：天龍寺

史跡・特別名勝指定の曹源池庭園。四季折々の豊かな表情が楽しめる

天龍寺は1339年に創建。足利尊氏《あしかがたかうじ》が後《ご》醍醐《だいご》天皇の菩提を弔うために築いた寺院だ。かつての敷地面積は今の10倍ほど広く、嵐山も天龍寺の寺領だった。応仁の乱などで幾度も戦火に遭ったため、建築物の多くは明治期以降に再建され、大方丈には創建より古くから残る釈迦如来坐像が安置されている。

現在の庫裏は、2008年まで管長を務めた故平田《ひらた》精耕《せいこう》老師筆による禅宗初祖・菩提達磨《だるま》大師の衝立《ついたて》がトレードマーク。曹源池庭園は、夢窓《むそう》疎石《そせき》が築いたもので、日本初の史跡・特別名勝。地形を生かした龍門の滝なども見応えがある。

住所／京都府京都市右京区嵯峨天龍寺芒ノ馬場町68

# 青龍山《せいりゅうざん》 瑞巌寺《ずいがんじ》

内部は禅宗方丈様式に武家邸宅の書院を加えた10室間取。1609年に完成

臨済宗妙心寺派／宮城県

正式名は「松島《しょうとう》青龍山《せいりゅうざん》瑞巌《ずいがん》円福禅寺《えんぷくぜんじ》」と長い。もとは828年に慈覚大師こと円仁によって、天台宗の延福寺《えんぷくじ》として創建されたが、1259年ごろ法身性西《ほっしんしょうさい》禅師によって臨済宗の寺となり、円福寺と名を変える。伊達政宗《だてまさむね》の再建以降は瑞巌寺の名が定着した。伽藍は禅寺らしく周囲の自然と調和してわびた雰囲気だが、内装は桃山文化の影響も大きい。

松島名物の五大堂は瑞巌寺に属する。坂上《さかのうえ》田村麻呂《たむらまろ》が建立した毘沙門堂が原型で、その後、円仁が五大明王の堂を築いた。松島湾の海や背後の山の自然と一体化した風景は非常に美しく、松尾芭蕉も観光で訪れている。

住所／宮城県宮城郡松島町松島字町内91

# 瑞石山《ずいせきざん》 永源寺《えいげんじ》

臨済宗永源寺派大本山／滋賀県

毎年11月に行なわれる夜間ライトアップのようす

紅葉の名所で名高い永源寺は、１３６１年、山林行脚の高僧である寂室元光《じゃくしつげんこう》禅師が、近江守護職の佐々木氏頼《ささきうじより》の寄進を受け開山。一時は２０００人を超える修行僧でにぎわったが、室町時代の戦火によって伽藍や山内の寺院は焼け落ち、衰退してしまう。しかし、江戸時代に後水尾天皇の帰依を得て再興する。

本尊の世継観音は、その昔、寂室元光禅師を嵐から救い、氏頼の子・満高に世継を授けたという言い伝えがあり、約四半世紀に一度のみご開帳される秘仏。本尊を祀《まつ》る方丈の屋根は琵琶湖の葦で葺《ふ》かれ、草葺としては全国でも屈指の規模を誇る。

住所／滋賀県東近江市永源寺高野町41

## 摩頂山《まちょうざん》 国泰寺《こくたいじ》

臨済宗国泰寺派大本山／富山県

慈雲妙意《じうんみょうい》禅師が1296年に開山。後醍醐天皇の帰依を受け、戦国時代には上杉氏の越中侵攻に遭う。明治維新前後は廃仏毀釈で荒廃したが、明治の政治家・山岡鉄舟《やまおかてっしゅう》の支援で再建された。天皇殿は、後醍醐天皇、光明《こうみょう》天皇、後奈良《ごなら》天皇を祀《まつ》る。寺宝に後醍醐天皇から下賜された袈裟、短冊、払子《ほっす》などを所蔵する。

住所／富山県高岡市太田184

法堂。伽藍の大整備が行なわれた1720年ごろのものとされている

写真提供：国泰寺

## 深奥山《じんのうざん》 方広寺《ほうこうじ》

臨済宗方広寺派大本山／静岡県

開山は1384年、初代住職の無文元選《むもんげんせん》禅師は後醍醐天皇の皇子と伝えられ、元に留学経験をもつ。敷地内にはさまざまな五百羅漢像が安置される。境内には与謝野晶子《よさのあきこ》の歌碑もある。方広寺の近くに東海地方最大級の鍾乳洞である竜ヶ岩洞があり、方広寺との観光がセットになった割引券も販売される。

住所／静岡県浜松市北区引佐町奥山1577-1

通称「赤門」と呼ばれる鮮やかな朱色の三門。境内には多くの羅漢像が並ぶ

写真提供：方広寺

PART 3

# 鎌倉時代末期〜江戸時代の古寺

鎌倉時代末期には
ひたすら坐禅に打ち込むことに真理を求めた曹洞宗、
『法華経』こそが真の教えであるととなえる日蓮宗、
踊り念仏で知られる時宗など
十三宗派のほとんどがそろう。
そして江戸時代に興った黄檗宗を含めて
十三宗派という基本的な枠組みが定められた。

久遠寺　写真提供：久遠寺

曹洞宗大本山／福井県

# 吉祥山《きっしょうざん》 永平寺《えいへいじ》

## 開祖道元の面影を残す清らかな聖地

曹洞宗の二大本山のひとつ、敷地面積10万坪を誇る永平寺は、なぜ越前（福井県）の山深くにあるのか？　永平寺を開いた道元禅師は、宋で禅を体得したのち、京都に興聖寺《こうしょうじ》を築いたが、天台宗勢力との衝突もあったため、越前の武将・波多野義重《はたのよししげ》から土地の寄進を受けて越前に移る。「深山幽谷《しんざんゆうこく》に居して、一箇半箇を説得せよ（たとえひとりでもふたりでもいいから本物の仏弟子を育てなさい）」という本師如浄《にょじょう》禅師の遺誡《ゆいかい》に従い、1244年に深山幽谷の地に永平寺を開いた。永平とは、中国大陸に仏教が伝来した当時の後漢の年号だ。

曹洞宗では長らく、永平寺は法統の本山、横浜の總持寺《そうじじ》は寺統の本山と位置づけられてきた。両本山とも、住職は貫首《かんしゅ》と呼ばれる。

山門には道元禅師による「吉祥の額」が掲げられているが、これはあくまで修行僧のためのもので、一般の参拝客用の入口は別につくられている。永平寺では、料理や掃除など日々の作務も修行の一環という考えのため、境内の庭や床などはつねに清潔だ。僧堂（雲堂）は、坐禅のほか食事や就寝にも使われる。修行僧ひとりのスペースは「座って半畳、寝て一畳」が基本

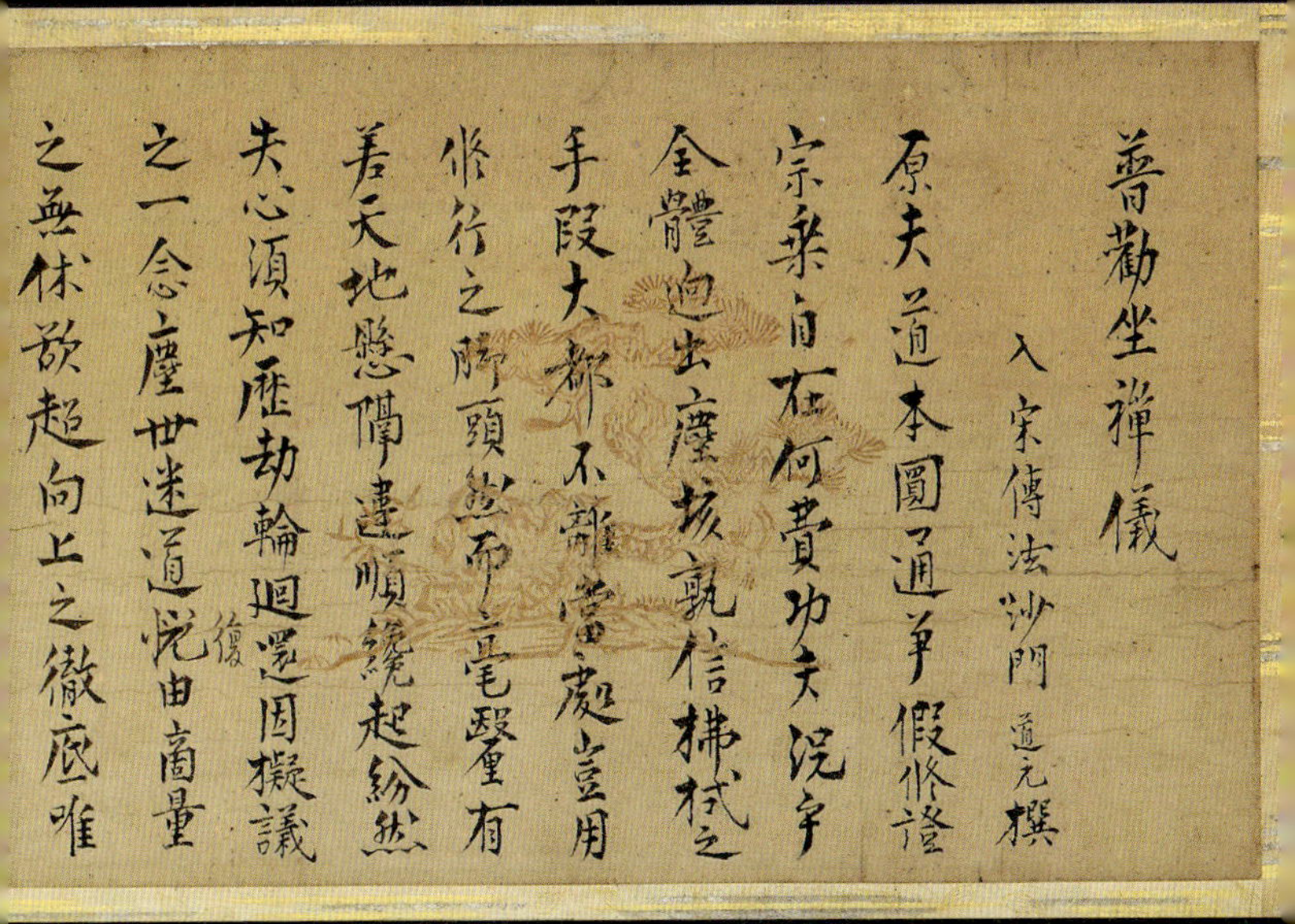

普勧坐禅儀
入宋傳法沙門 道元撰
原夫道本圓通爭假修證
宗乘自在何費功夫況乎
全體逈出塵埃孰信拂拭之
手段大都不離當處豈用
修行之脚頭然而毫釐有
差天地懸隔違順纔起紛然
失心須知歴劫輪廻還因擬議
之一念塵世迷道悦復由商量
之無休欲超向上之徹底唯

写真提供：福井県生涯学習・文化財課

**国宝 普勧坐禅儀**

1227年の成立。道元禅師による開教伝道の宣言書ともいうべきもの。僧俗あらゆる人にその実践を強調している

境内は約10万坪（33万平方メートル）の広さをもつ

写真提供：公益社団法人福井県観光連盟

で、僧堂は164人が坐禅し、82人が就寝できる広さ。仏殿では、本尊の釈迦牟尼仏と、阿弥陀仏、弥勒仏が安置されている。これは現在、過去、未来の三世の仏を意味し、道元禅師が宋で禅を学んだ天童山の形式と同じだ。

大小70にもおよぶ伽藍は見所も多い。大広間がある傘松閣《さんしょうかく》では、230種類もの天井画が圧巻。台所にあたる大庫院では、長さ4メートルの巨大すりこぎが目を引く。承陽《じょうよう》殿《でん》は曹洞宗の聖地ともいうべき場所で、道元禅師の遺骨のほか、全国の曹洞宗寺院の住職の位牌が祀《まつ》られている。なお、これらを見てまわる場合、1時間ほどの時間を要する。宝物殿にあたる瑠璃聖宝閣《るりしょうほうかく》では、道元禅師直筆の『普勧坐禅儀《ふかんざぜんぎ》』、2代目貫首・懐奘《えじょう》禅師による『正法眼蔵《しょうぼうげんぞう》随聞記』の写本など、さまざまな書物や美術品を所蔵している。

山門。樹齢680年といわれる鬱蒼とした老杉に囲まれた静寂なたたずまいは、出家道場として誠にふさわしい霊域

写真提供：公益社団法人福井県観光連盟

永平寺前の門前通りはお土産店が軒を連ね、精進料理やごま豆腐料理が有名

写真提供：公益社団法人福井県観光連盟

## Data

住所／福井県吉田郡永平寺町志比5-15
アクセス／えちぜん鉄道勝山永平寺線「永平寺口」駅からバス約13分
時間／5月～10月 8:00～17:30、11月～4月8:30～17:00
拝観料／大人500円、小中学生200円

写真提供：總持寺

横浜郊外にある国際的な禅の根本道場

# 諸嶽山《しょがくさん》 總持寺《そうじじ》

曹洞宗大本山／神奈川県

曹洞宗の二大本山のひとつ、總持寺の縁起は700年余もの昔にさかのぼる。1321年のある夜、石川県櫛比庄《くしひのしょう》にあった諸嶽観音堂の住職が見た不思議な夢から始まるという。夢のなかで住職は観音様から「瑩山《けいざん》という徳の高い僧がいる。すぐに呼んで、この寺をその禅師に譲るように」と告げられる。同じころ、坐禅をしていた瑩山禅師にも同じようなお告げがあった。

瑩山禅師がお告げのあった寺に行くと多くの僧侶が出迎え、山門を開いて歓迎した。瑩山禅師は前に進み、楼門をくぐる。そしておもわず、「總持の一門、八字に打開す（門を八の字のように打開する）」と唱えた

大祖堂。貫首大禅師説法の大道場たるのみならず、諸種法要修行の場とされている

という。その後お寺の名前を「總持寺」と改めた。山号はそもそもこの地にあった諸嶽観音堂にちなんで「諸嶽山」とした。

その後、能登で570年の歩みを進め、江戸中期には全国に1万6000余りの末寺を有するほどの勢力を誇っていた。1898年の大火で伽藍の多くを焼失してしまう。その後1911年11月5日に盛大な遷祖式が執り行なわれ、横浜の地に移転した。

この地は海の玄関口に位置することから、現在では

15万坪の寺域を有し、大伽藍である大祖堂をはじめ多くの諸堂が建てられている

写真提供：總持寺

国際的な禅の根本道場として認知されるとともに、百数十名を数える若き修行僧が日夜修行に勤しんでいる。広大な敷地には、豊かな緑とともに、本尊の釈迦如来像を安置する仏殿や大祖堂をはじめ多くの堂宇がある。香積台《こうしゃくだい》（総受付）の正面奥には、木彫りで日本一大きいといわれる高さ約180センチの大黒尊天が祀《まつ》られており、広く参拝者に親しまれている。

瑩山禅師650回大遠忌の記念事業として建立された宝蔵館「嫡々庵《てきてきあん》」では、重要文化財5件、横浜市指定文化財5件をはじめ、絵画・彫刻・工芸・書跡・古文書と多岐にわたる總持寺所蔵の文化財のなかから約50点を一般公開している。訪れた際はぜひじっくり鑑賞してみたい。

「百間廊下」と呼ばれている長い廊下。毎日美しく磨かれている

毎年夏に行なわれる「み霊《たま》祭り」の盆踊りが有名。僧侶も一般の参拝者も一緒になって盛り上がるようすは例年テレビで紹介される

写真提供：總持寺

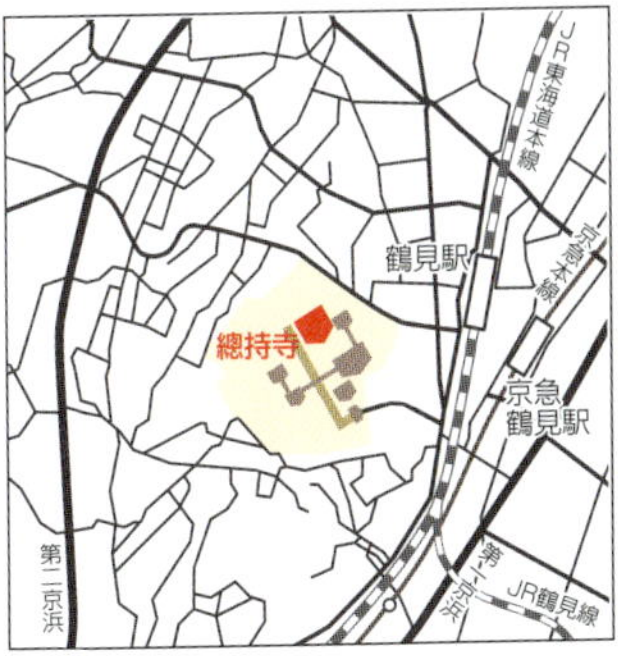


## Data

住所／神奈川県横浜市鶴見区鶴見2-1-1
アクセス／JR京浜東北線「鶴見」駅から徒歩7分
時間／10:00〜15:00
拝観料／無料、修行僧の説明つきの諸堂拝観は30名までひとり400円、30名以上ひとり350円

## 東香山《とうこうざん》 大乗寺《だいじょうじ》

総門・山門・法堂は石川県指定有形文化財。
仏殿は国の重要文化財

曹洞宗／石川県

大乗寺ははじめ、1263年に真言宗の寺として創建された。1289年になると永平寺の第3世を務めていた徹通義介《てっつうぎかい》禅師に譲られ、曹洞宗に属するようになった。

その後、徹通義介禅師の後を継いだ瑩山《けいざん》禅師は、大乗寺を離れて134ページで紹介した總持《そうじ》寺を開いた。このため、大乗寺は永平寺と總持寺というふたつの大本山とも別格の由緒をもっている。

加賀平野を見下ろす境内は松や杉が生い茂る。いかにも俗世を離れた禅寺らしく、仏殿から法堂の周囲は四季折々の花が美しい。季節を変えて何度も訪れてみたい。

住所／石川県金沢市長坂町ルー10

# 仏徳山《ぶっとくざん》 興聖寺《こうしょうじ》

曹洞宗／京都府

毎年10月に行なわれる「宇治茶まつり」　写真提供：興聖寺

曹洞宗を開いた道元禅師が宋から帰国したのち、僧侶の教育・育生を目指す修行道場として最初に築いたのが京都の興聖寺だ。開山は1233年で、深草にあった藤原氏ゆかりの極楽寺の跡地に建てられた。道元禅師が永平寺に移ったのちに廃寺となったが、江戸時代初期の1648年、宇治に再建され、5代目の住職として摂津住吉の臨南庵から万安英種《ばんなんえいしゅ》禅師を新たな住職に迎えた。

200メートルある参道は、細長い坂の形と脇を流れる山水のせせらぎを琴の音色になぞらえて、琴坂と通称されている。紅葉の名所としても名高い。

住所／京都府宇治市宇治山田27－1

## 龍澤山《りゅうたくさん》 善寶寺《ぜんぽうじ》

曹洞宗本山／山形県

水を守護する龍神を祀《まつ》る。天狗を祀る小田原の大雄山最乗寺、狐を祀る円福山妙厳寺とともに、曹洞宗の「三大祈禱《きとう》場」と呼ばれる。伝説によれば、平安時代に二龍が現れ、開基の妙達上人による『法華経』を聴聞。その後、室町時代に現在の名に改めたところ、ふたたび二龍が現れたので龍王殿に奉じたと伝えられる。

住所／山形県鶴岡市下川字関根100

龍王殿。龍神様信仰のご祈禱が毎日行なわれている

写真提供：善寶寺

## 円福山《えんぷくざん》 妙厳寺《みょうごんじ》

曹洞宗本山／愛知県

「豊川稲荷」の通称で有名。日本ではお稲荷様とされる吒枳尼天《だきにてん》を本尊とする。鎌倉時代、順徳天皇の皇子であった寒巌義尹《かんがんぎいん》禅師は、吒枳尼天に禅師の教えに服する者を守護すると告げられる。その後、6代目の弟子の東海義易《ぎえき》禅師が、妙厳寺を開山。本尊を千手観音とし、吒枳尼天像を山門の鎮守に置いた。

住所／愛知県豊川市豊川町1番地

初詣客でにぎわう本殿。商売繁盛、家内安全、福徳開運の神として知られる

写真提供：妙厳寺

## 鷹福山《せんぷくざん》 宝慶寺《ほうきょうじ》

曹洞宗本山／福井県

寂円《じゃくえん》禅師は、道元禅師を慕って宋から来日した。地元の豪族・伊自良《いじら》氏から用地を寄進され、1278年に宝慶寺の伽藍を築いた。宝慶とは宋の元号で、寂円禅師が道元禅師と出会った時期に当たる。総門は2012年の豪雪で惜しくも一度崩壊したが、門徒の協力や托鉢によって再建されたものだ。

住所／福井県大野市宝慶寺1-2

山門。額は明治維新のころに掲げられたもの

## 中野不動尊《なかのふどうそん》 中野山《なかのさん》 大正寺《だいしょうじ》

曹洞宗／福島県

地元では「中野のお不動さま」で有名だ。開山は1179年で、恵明道人がカモシカに導かれて山に入り、山神のお告げによって不動明王を祀《まつ》ったという。この時灯《とも》された聖火は、奥の院の洞窟内で現在も燃え続けている。古《いにしえ》から修験道の修行霊場だったが、1903年に曹洞宗の寺院として創建された。

住所／福島県福島市飯坂町中野字堰坂28

奥の院にある大日堂は、大日如来が祀られ、3万巻の般若心経が納められている

写真提供：中野不動尊

日蓮聖人が晩年を過ごした法華経の聖地

# 身延山《みのぶさん》 久遠寺《くおんじ》

日蓮宗総本山／山梨県

日蓮宗の開祖・日蓮聖人は、たびたび念仏者や鎌倉幕府から弾圧を受け、さまざまな迫害に遭った。その日蓮が波乱に満ちた人生最後の９年間を過ごしたのが身延山だ。

日蓮は甲斐の地頭・南部実長《なんぶさねなが》の招きにより、１２７４年に入山。西谷の地に庵を結び、５年後には本格的な堂宇を建立してみずから妙法華院久遠寺と名づけたという。その後、西谷が手狭になったため１４５７年には11世日朝上人が伽藍を現在の場所に移転して身延山発展の礎を築いた。江戸時代には諸大名や側室の帰依を受けておおいに隆盛し、多くの堂宇が甍《いらか》を並べた。

久遠寺の伽藍は、法華経の世界を顕わした十界曼荼羅を模して配置されているといわれるが、山全体で日蓮聖人の姿を表しているともいわれている。菩提梯を上りきると本堂・祖師堂・日蓮聖人の遺骨を祀る御真骨堂などが立ち並び、本堂左には朱で彩られた五重塔がそびえ立つ。五重塔は２度の焼失を経て失われたままになっていたが、細部まで建造時の設計を忠実に再現して２００９年に復元されたものだ。

久遠寺は、幕末から明治期に度重なる大火に見舞われ、多くの伽藍を失った。現在の伽藍は

重文『絹本著色釈迦八相図』

釈迦八相図とは釈迦の生涯における伝説を描いたもので、写真の一幅では王子時代から出家までを描く。全８幅と考えられ、久遠寺には３幅が現存

写真提供：久遠寺

五重塔としだれ桜。久遠寺のしだれ桜は樹齢400年。
全国しだれ桜10選のひとつに数えられている

写真提供：久遠寺

その後に再建されたものがほとんど。釈迦・多宝如来の両尊や四菩薩などを安置する本堂も１９８５年に再建されたものだが、現在の本堂はじつに２５００人を収容できる規模をもっている。

日蓮宗では仏像だけでなく、法華経の救いの世界を紙に表した曼荼羅を本尊としている。久遠寺には日蓮聖人直筆の大曼荼羅本尊が格護され、また本堂に安置される諸尊はこの曼荼羅を像形化して奉安されたものである。

標高１１５３メートルの山頂にある奥之院思親閣《ししんかく》は、徒歩では2時間ほどの道程であるが、現在はロープウェイが通じている。思親閣は日蓮聖人が遠く故郷の房州を拝した地であり、参道には日蓮聖人が植えたという樹齢７００年以上の杉の巨木がある。また天気がよければ富士山を望むことができる。

菩提梯。三門から本堂へと続く287段の石段。上りきれば涅槃（悟り）に達するという

御草庵跡。日蓮聖人が住んだ御草庵の跡地

写真提供：久遠寺

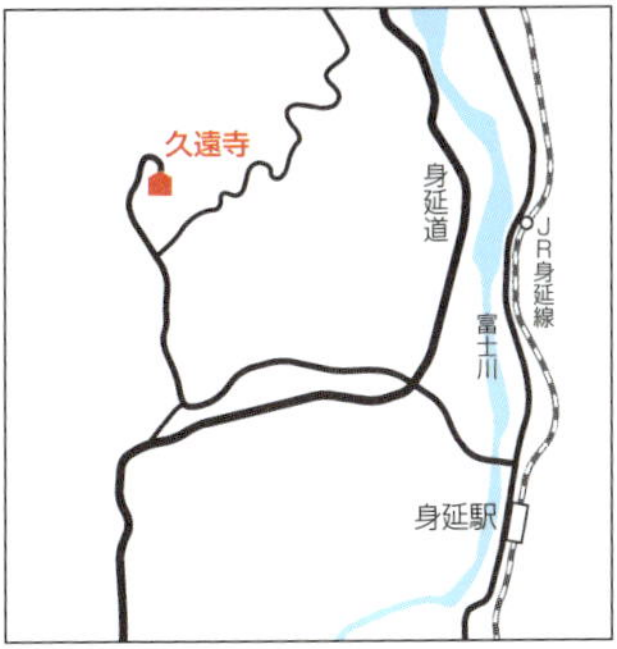


## Data

住所／山梨県南巨摩郡身延町身延3567
アクセス／JR身延線「身延」駅からバスで12分（下車後徒歩30分）
時間／4月～9月 5:00～17:00、10月～3月 5:30～17:00
拝観料／境内無料（宝物館:一般300円、高校大学生200円、小中学生100円）

日蓮聖人が最初に開いた寺。鬼子母神の信仰あつく

# 正中山《しょうちゅうざん》 法華経寺《ほけきょうじ》

日蓮宗大本山／千葉県

庶民の仏教となった鎌倉時代、日蓮聖人は仏教は釈迦の教え法華経に立ち返るべきと唱えられた。1260年に鎌倉で松葉ヶ谷法難《まつばがやのほうなん》に遭い、下総の有力な檀越《だんおつ》（信者）富木五郎常忍《ときごろうつねのぶ》公、太田乗明公館に逃れ、富木公は館内に法華堂を、また太田公は持仏堂を建てられた。日蓮聖人は法華堂に釈迦如来を安置し、近在の信徒に百日百座の布教を行なった。のちに法華堂は法華寺、持仏堂は本妙寺となる。聖人が入寂すると富木公は出家し、日常と改め、二山一寺制を行ない、千葉氏の保護を受け関東一円に教線を張る寺院として発展をした。

本尊は一尊四菩薩形態の大曼荼羅。また日蓮聖人が小松原法難のおり、聖人の一命を救った鬼子母神が安置されている。法華経擁護鬼子母神は聖人みずからが彫られ、全国から信仰を集めている。

また檀越の富木五郎常忍公、太田乗明公に宛てた日蓮聖人の御書が多く恪護《かくご》されており、鎌倉幕府に進言した国家諫暁《かんぎょう》の書である国宝『立正安国論《りっしょうあんこくろん》』『観心本尊抄《かんじんほんぞんしょう》』などはじめ、重要文化財など百数十点の真蹟がある。また境内には国重文の法華堂、祖師堂、五重塔、四足門など堂塔が建立されている。

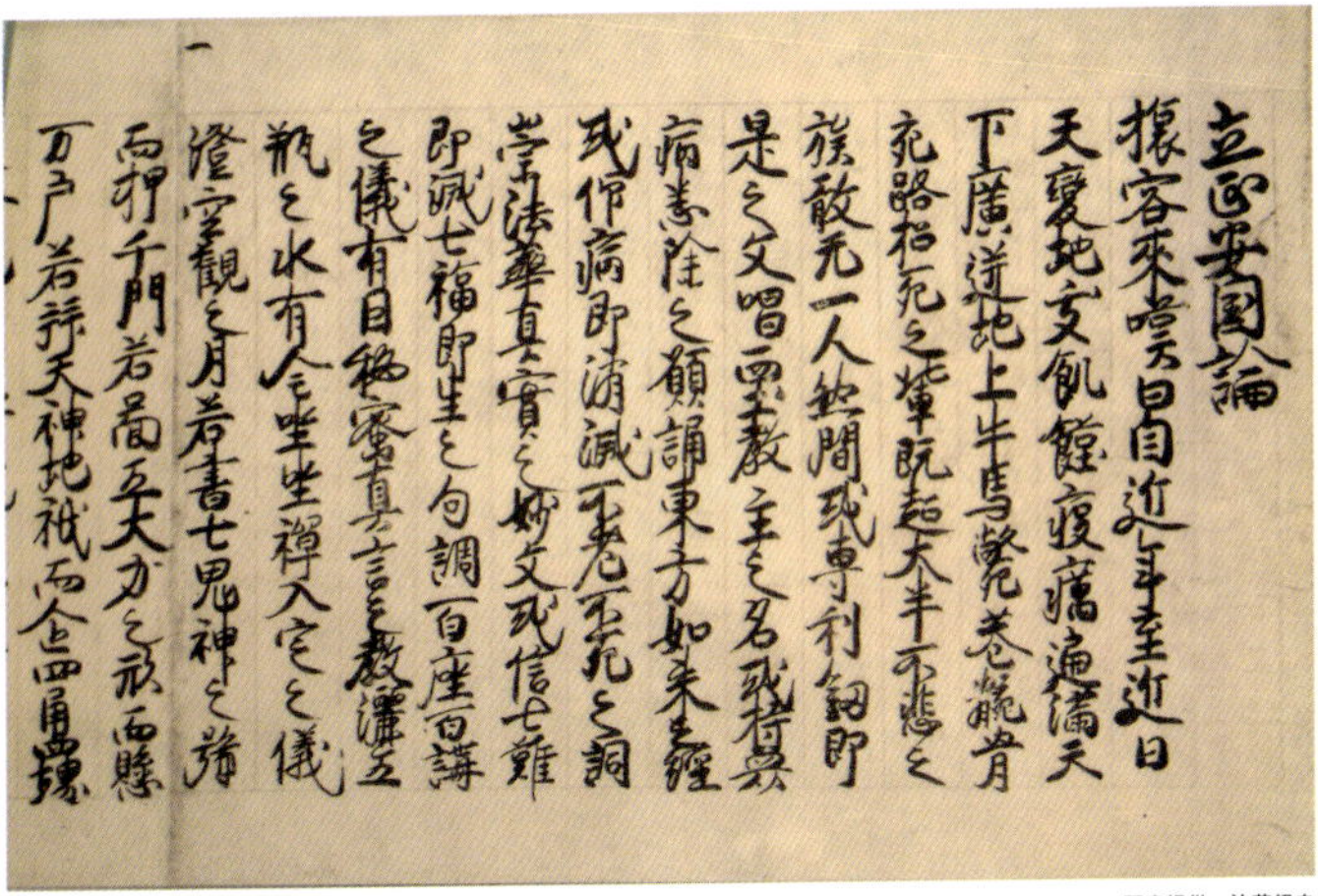

立正安国論
旅客来嘆曰自近年至近日
天変地夭飢饉疫癘遍満天
下広迸地上牛馬斃巷骸骨
充路招死之輩既超大半不悲之
族敢無一人然間或専利剣即
是之文唱西土教主之名或持衆
病悉除之願誦東方如来之経
或仰病即消滅不老不死之詞
崇法華真実之妙文或信七難
即滅七福即生之句調百座百講
之儀有因秘密真言之教灑五
瓶之水有全坐禅入定之儀
澄空観之月若書七鬼神之号
而押千門若図五大力之形而懸
万戸若拝天神地祇而企四角四境

写真提供：法華経寺

## 国宝『立正安国論』(部分)

日蓮著。日蓮聖人はこの書を執権の北条時頼に送り、当時頻発していた天変地異の原因は浄土教などが広まっていることにあると訴えた

写真提供：法華経寺

## 重文 五重塔

1622年、加賀前田家の菩提のため前田利光の寄進により建立される

## Data

住所／千葉県市川市中山2-10-1
アクセス／京成本線「京成中山」駅より徒歩5分
時間／境内自由
拝観料／無料

温暖な房総でも冬になると雪が積もることもある。雪の境内も美しい　写真提供：清澄寺

# 千光山《せんこうざん》 清澄寺《せいちょうじ》

日蓮宗大本山／千葉県

清澄寺は日蓮聖人が16歳で出家した場所だ。じつは天台宗、真言宗の寺だった期間が長い。寺伝によれば、奈良時代の771年に不思議法師と呼ばれる僧がこの土地を訪れて柏の木で虚空蔵菩薩像を彫り、本尊としたという。平安時代には天台宗の寺となり、江戸時代には真言宗の寺となった。大正時代に日蓮聖人銅像が置かれたため、日蓮宗信徒の参拝者が増え、戦後の1949年に日蓮宗の寺となった。江戸時代初期の1647年に完成した中門は茅葺の切妻屋根造で千葉県の県指定有形文化財となっている。また、「清澄の大杉」は国の天然記念物。

住所／千葉県鴨川市清澄322-1

# 長栄山《ちょうえいざん》 池上本門寺《いけがみほんもんじ》

日蓮宗大本山／東京都

写真提供：池上本門寺

日蓮聖人の命日・10月13日に向けて3日間行なわれるお会式《えしき》法要。写真は12日御逮夜《おたいや》の万灯練供養《まんどうねりくよう》

もとは日蓮宗門徒の池上宗仲《いけがみむねなか》の館だった。１２８２年に日蓮聖人はここで入滅された。大堂（祖師堂）に安置された重要文化財の日蓮聖人像は、日蓮聖人の遺骨を納めたものだ。客殿の近くにある多宝塔は日蓮が荼毘《だび》に付された場所で、境内に建立された大型の宝塔形式としては、全国的にもめずらしいものだ。本殿は戦後の再建だが、１９７０年代以降の寺院建築のモデルとなった。本尊の釈尊像にはインドから贈られた仏舎利が納められている。江戸時代に2代将軍・秀忠の病気平癒を祝って建てられた五重塔は、関東に現存する五重塔では最古のものといわれる。

住所／東京都大田区池上1－1－1

# 最上稲荷山《さいじょういなりさん》 妙教寺《みょうきょうじ》

大しめ縄を掛けられた本殿は神社のようだが、れっきとした寺院

日蓮宗／岡山県

京の伏見、三河の豊川と並んで「日本三大稲荷」と呼ばれる最上稲荷は、神仏習合の信仰形態の残る寺院だ。その創建は奈良時代の785年ごろで、報恩《ほうおん》大師が白狐に乗った最上位経王大菩薩を本尊に祀った。

当初は天台宗に属し、龍王山神宮寺という名だった。戦国時代の末期には豊臣秀吉の備中高松攻めで荒廃したが、その後、日蓮宗の寺として再建されて妙教寺と名を変える。

本殿にある長さ12メートル、重さ1・5トンもの巨大しめ縄が名物だ。奥の旧本殿近くには、赤い鳥居の並んだ七十七末社があり、さまざまな祈願をする参拝者を集めている。

住所／岡山県岡山市北区高松稲荷712

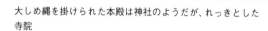

## 長興山《ちょうこうざん》　妙本寺《みょうほんじ》

日蓮宗霊跡本山／神奈川県

日蓮宗の古刹である妙本寺は、750年以上の歴史を重ねる霊跡のひとつだ。鎌倉時代、執権の北条氏と衝突して滅ぼされた比《ひ》企《き》氏の生き残りの比企能本《ひきよしもと》は、1260年に日蓮聖人と出会い、一族の菩提を弔うためこの寺を築いた。山号の長興、寺号の妙本は、能本の父母に与えられた法号だ。紅葉の名所として知られる。

住所／神奈川県鎌倉市大町1-15-1

幕末に建てられた祖師堂は、鎌倉市中で最大規模のお堂

写真提供：妙本寺

## 長谷山《ちょうこくざん》　本土寺《ほんどじ》

日蓮宗本山／千葉県

本土寺の原型は日蓮聖人に帰依した小目代（国守の代理）の蔭山土佐守が築いた庵だ。ここに1277年、領主の曽谷教信が法華堂を移し、日蓮聖人が長谷山本土寺の山号と寺号をつけた。その後、江戸時代には他宗派の寺院から供養や布施を受けず、みずからも行なわない不受不施派の拠点として弾圧を受けた。

住所／千葉県松戸市平賀63

初夏にはアジサイやハナショウブ、秋には紅葉が境内を彩る

写真提供：本土寺

# 真間山《ままさん》 弘法寺《ぐほうじ》

日蓮宗／千葉県

仁王門にかかる「真間山」の額は空海の筆と伝わる

写真提供：弘法寺

もとの名は求法寺《ぐほうじ》という。『万葉集』などに名前の見られる、真間手児奈《ままのてこな》の霊を慰めるために行基が創建したと伝わる。奈良時代の737年開山と関東の寺のなかでは古い。

平安時代には、弘法大師こと空海が七堂伽藍を整備して真言宗の寺となり、弘法寺と名を変えたが、その後さらに天台宗の寺となる。鎌倉時代の1275年、住職の了性法印尊信《りょうしょうほういんそんしん》と日蓮聖人の弟子の日頂上人が法論を交わすこととなり、日頂上人が尊信を折伏（正論を説いて導くこと）したことから、日蓮宗の寺院となった。境内にある伏姫桜と呼ばれる樹齢400年のしだれ桜が名物。

住所／千葉県市川市真間4-9-1

## 金栄山《きんえいざん》 妙成寺《みょうじょうじ》

日蓮宗北陸本山／石川県

妙成寺は1294年に日像《にちぞう》上人によって開創された。もとは真言宗の僧だった開基日乗上人は、日像上人の教化《きょうげ》によって日蓮宗の僧となり、日像上人を開山、自身を第二祖とした。今の建物は前田利常《まえだとしつね》公の寄進による。1612年に本堂が、その後約70年かけて各堂が建てられた。三堂横並びの伽藍配置は特徴的。

住所／石川県羽咋市滝谷町ヨ1

建立当時の姿が残り、当時の雰囲気が味わえる

写真提供：妙成寺

## 経栄山《きょうえいざん》 題経寺《だいきょうじ》

日蓮宗／東京都

「柴又の帝釈天」と呼ばれ、江戸時代の創建ながら、映画『男はつらいよ』の寅さんが産湯をつかった寺として東京では人気だ。法華経寺の住職を務めた日忠上人を開山とし、1629年に実際にはその弟子の日栄上人が開基した。帝釈堂に安置された帝釈天像は、日蓮聖人が彫ったものといわれる。

住所／東京都葛飾区柴又7-10-3

帝釈堂の外側には、「彫刻ギャラリー」が設けられている

写真提供：題経寺

写真提供：清浄光寺（遊行寺）

東海道の宿場町遊行上人の旅の終点

# 遊行寺《ゆぎょうじ》

## 藤澤山《とうたくさん》 無量光院《むりょうこういん》 清浄光寺《しょうじょうこうじ》

時宗総本山／神奈川県

寺院を建立することなく、布教しながら各地を旅した時宗の開祖・一遍《いっぺん》は、遊行《ゆぎょう》上人と呼ばれる。そこから、時宗の総本山たる清浄光寺も、遊行寺という通称のほうが有名だ。現在の神奈川県藤沢市は遊行寺の門前町として生まれ、藤沢山の山号が町の名となり、やがて東海道の宿場町として発展した。歴代の遊行上人は、遊行を終えると地位を後進に譲り、清浄光寺に独住すると藤沢上人と呼ばれるようになった。

開山は鎌倉時代末期の1325年。時宗第4代の法主となった呑海《どんかい》が、じつの兄である相模の地頭・俣《また》野《の》五郎景平《ごろうかげひら》の支援を受けて創建した。

本堂手前の一遍上人像。左足を一歩踏み出す姿が特徴的

関東の寺のなかでも格式は極めて高く、室町幕府を開いた足利尊氏が本堂を増築し、南朝の後光厳天皇からは寺の名を記した直筆の額を賜った。徳川家康も江戸幕府を開く前の1591年に百石を寄進している。

ただし、残念ながら境内の伽藍の多くは明治期の大火で焼失し、相模湾を震源とする1923年の関東大震災でも多大な被害を受けた。このため、現在の建築物の多くは昭和に入ってから再建されたものだ。

総門から続く参道は阿弥

国宝『一遍聖絵』(部分)
国宝『一遍聖絵』より、布教のため鎌倉に入ろうとする時宗の一行と、制止する武士。やむなく藤沢の地に滞在することになる

陀如来の四十八願から四十八段と名づけられ、春は桜並木がじつに美しく、地元では「いろは坂」と通称される。境内東門の左手にある藤沢敵御方供養塔(怨親平等の碑)は、室町時代の1416年に起きた禅秀《ぜんしゅう》の乱ののち、衝突した足利氏と上杉氏双方の犠牲者を、人だけでなく馬などまで含めて供養したものだ。本尊の阿弥陀如来は慈覚大師・円仁ご縁のご神木を使って、浅草寺の弁財天とともにつくられ、のちに遷座した。

本堂は、木造建築としては東海道随一といわれ、そのそばに鐘楼がそびえる。鐘楼の梵鐘は1356年に鋳造され、戦国時代に清浄光寺が戦乱で焼失した時は北条氏が小田原城にもち去ったが、江戸時代に寺が再建された後、返還された。

写真提供：清浄光寺（遊行寺）

写真提供：清浄光寺（遊行寺）

物門（総門）から「いろは坂」と呼ばれる四十八段の参道を上る。両側の並木が春には桜のトンネルになる

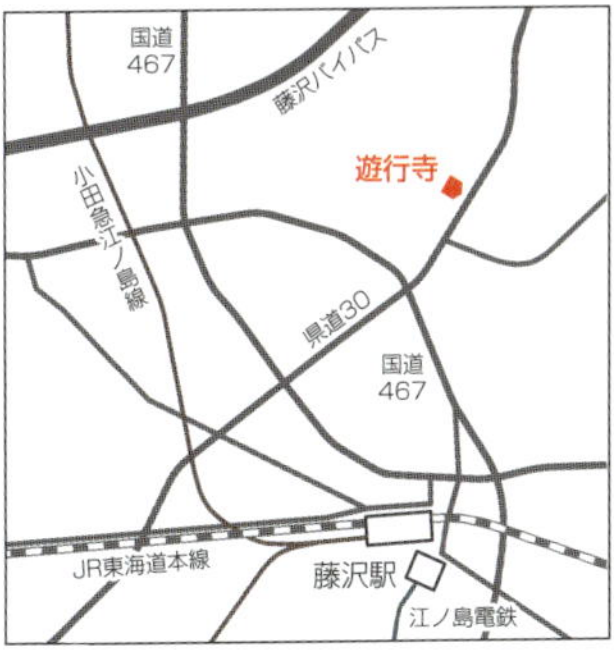


## Data

住所／神奈川県藤沢市西富1-8-1
アクセス／JR東海道本線、小田急江ノ島線、江ノ島電鉄江ノ島電鉄線「藤沢」駅より徒歩15分
時間／年中無休
拝観料／宝物館は大人400円、子供200円

## 四季折々の花に包まれ、平家の悲運を伝える

# 黄台山《おうだいさん》 長楽寺《ちょうらくじ》

時宗／京都府

京都市内を一望できる長楽寺は、805年に伝教大師こと最澄によって創建された。もとは比叡山延暦寺の別院だった。

平安時代の末期、平清盛の娘で高倉天皇の中宮となった建礼門院徳子《けんれいもんいんとくこ》は、壇ノ浦の戦いで平家が滅亡したのち、長楽寺で出家した。その後、室町時代の1385年、時宗霊山派を開いた国阿《こくあ》上人によって、時宗の寺となる。さらに、明治の末に京都における時宗の本山格だった七条道場金光寺と合併した。

本尊は最澄の作と伝えられる秘仏の准胝観音《じゅんていかんのん》で、歴代天皇の即位時と厄年に開帳されてきた。龍が描かれた豪華な厨子《ずし》に納められており、この厨子は、江戸時代に後水尾天皇の中宮となった東福門院（徳川家康の孫娘）から寄進されたものだ。

境内には建礼門院が出家した時の髪を納めた石塔があり、源氏の目を逃れて隠されてきたという建礼門院御影、建礼門院が産んだ安徳天皇の遺品の御衣幡《ごいばん》などを所蔵する。また、室町時代につくられた寺宝の一遍上人像は重要文化財だ。運慶の流れをくむ七条仏所の仏師・康秀の作で、写実的な作風だ。

重文 一遍上人像

時宗初期につくられた歴代上人像８体のうちのひとつ

写真提供：長楽寺

祇園・円山公園の喧噪を抜けた奥にひっそりとたたずむ

写真提供：長楽寺

## Data

住所／京都府京都市東山区円山町626
アクセス／JR東海道本線「京都」駅から206号系統バス「祇園」下車徒歩10分
時間／9:00～17:00（木曜日定休）
拝観料／中学生以下250円、高校生以上500円

# 西月山《せいげつさん》 真光寺《しんこうじ》

この地で没した一遍上人の御廟

時宗／兵庫県

一遍上人が１２８９年に没した場所が真光寺だ。創建自体は６４５年、あるいは９世紀前半の仁明天皇の治世といわれる。

境内の御廟所は一遍上人の遺骨を納め、遊行上人が柳の精霊を救った故事にまつわる石碑もある。無縁仏の墓石を円錐型に積みあげた無縁如来供養塔は壮観だ。

１９４５年に一度神戸空襲で壊滅、さらに１９９５年の阪神・淡路大震災で、御廟所、観音堂、鐘楼が倒壊したのち再建された。このため伽藍自体は古くないが、一遍・二祖真教の伝記である重要文化財の『遊行縁起』全10巻など、寺宝は鎌倉時代のものが多くある。

住所／兵庫県神戸市兵庫区松原通1-1-62

# 中《ちゅう》座《ざ》山《さん》 教《きょう》恩《おん》寺《じ》

時宗／神奈川県

山門の欄間に彫刻された十六羅漢像。表情豊かで、ユーモラスに描かれている

教恩寺は、もともと一遍上人とともに念仏を説いた知阿上人によって開山され、鎌倉の材木座にある光明寺の境内のなかにあったという。いっぽう、大町には光明寺の末寺で善昌寺という別の寺があった。しかし、善昌寺はいつしか廃寺となり、1678年、その跡地に貴誉が教恩寺を移築したのだ。

本堂に安置された本尊の阿弥陀如来像は仏師・運慶の作。一般公開はされていないが、神奈川県の重要文化財だ。源氏と平氏が衝突した一ノ谷の戦の後、源頼朝は平清盛の子・平重衡《しげひら》を捕虜としたが、平氏一門の菩提を弔うために、この阿弥陀如来像を与えたという。

住所／神奈川県鎌倉市大町1-4-29

明代の中華寺院を再現 京都のリトルチャイナ

# 黄檗山《おうばくさん》 萬福寺《まんぷくじ》

黄檗宗大本山／京都府

写真提供：京都萬福寺

三門をくぐれば、明代《みんだい》の中華風建築群が広がる不思議な空間。それが黄檗宗の寺院であり、その原型は大本山の萬福寺にある。初代の住職である大光普照国師《だいこうふしょうこくし》こと隠元隆琦《りゅうき》は、1654年、日本の禅宗信徒の招きにより、中国福建省福州府にある黄檗山萬福寺から来日した。その後、幕府と妙心寺を中心とする禅界の働きかけによって江戸幕府から用地を寄進され、1661年に京都に萬福寺が開山される。山号と寺号は、隠元禅師が故郷で属した寺と同じものだ。

戦国時代が終わってから建てられた萬福寺は、大本山としては歴史が浅いが、戦火に遭うことなく創建時

重文 法堂

「卍くずし」の勾欄が特徴的。1662年に建立された

の姿をとどめている。建材は、東南アジアのタイで伐採されたチーク材を当時の貿易商が寄進したもので、この点も国際色豊かだ。

建物の特徴は総門をはじめ縁が反り返った中華風の瓦屋根。伽藍を回廊で結んだ配置も、同じ禅宗ながら臨済宗、曹洞宗とは異なる。法堂の正面には「卍くずし」と呼ばれる独特な模様の勾《こう》欄《らん》（欄干）があり、これも明代の禅宗寺院ならではのデザインとなっている。

三門の後ろにある建物は臨済宗では仏殿だが、黄檗

宗では仏殿の入口への天王殿《てんのうでん》がある。ここに安置された弥勒像は布袋様の姿で、金色に輝く太鼓腹《たいこばら》の坐像は見るからにめでたい。

明末代の中国大陸でつくられた道釈画が多いが、江戸時代に描かれた写実的な隠元隆琦像など日本のものも少なくない。

僧たちが食事する斎堂の前には、開梆《かいばん》という大きな魚の像と、雲版《うんばん》という雲形の銅板が掲げられている。これをたたいて鳴らし、寺内での行事や儀式の時刻を知らせるのだ。

そんな萬福寺では、精進料理も中華風だ。皿の上には、豆腐などで魚や肉を模した点心や、陰陽五行説に基づくカラフルな彩りの品々が並んでいる。これは「あまねく大衆と茶を供にする」という意味で普茶料理といわれ、拝観者のためのコース料理もあるが、予約が必要だ。

普茶料理の一例。ごま豆腐やうなぎ擬《もど》きなどが代表的なメニュー　写真提供：京都萬福寺

斎堂前に吊された大きな開梆は、萬福寺のシンボルになっている　写真提供：京都萬福寺

Data

住所／京都府宇治市五ヶ庄三番割34
アクセス／京阪電気鉄道宇治線・JR奈良線「黄檗」駅より徒歩5分
時間／9:00～17:00
拝観料／高校生以上500円、中学生以下300円

# 万寿山《まんじゅさん》　聖福寺《しょうふくじ》

黄檗宗／長崎県

1715年に改築された大雄宝殿。唐船によってもたらされた本尊の釈迦三尊像を納めている

興福寺、福済寺、崇福寺とともに「長崎四福寺」と呼ばれる聖福寺は、長崎奉行の支援により、1677年に開山された。創建時は坂が多い長崎の街を一望できる場所に立地し、初代住職の鉄心道胖《てっしんどうはん》は「聖福八景」の詩文を残した。その後、清から長崎を訪れた僧侶や商人の多くが、聖福寺の風景を漢詩に詠んでいる。幕末には、長崎滞在中の坂本龍馬が、海援隊の汽船と紀州藩の汽船が衝突した「いろは丸事件」の対応を練る場所に聖福寺を使っている。伽藍のあちこちに黄檗宗らしい中国風の特徴をもっている。だが、柱は朱塗りにしておらず、やや和風に近い。

住所／長崎県長崎市玉園町3-77

# 龍峯山《りゅうほうざん》 興禅寺《こうぜんじ》

1814年建立の本堂は、近年有形文化財に登録された

黄檗宗／鳥取県

興禅寺は、江戸時代に鳥取藩主となった池田氏とともに、1632年に岡山から移ってきた寺で、もとは臨済宗に属し、龍峯寺と称していた。4代目の住職である堤宗慧全《ていしゅうえぜん》と、その弟子の活禅は、隠元禅師に深く帰依し、1668年に黄檗宗への改派を宣言、曲折ののち1693年には黄檗派（現在の黄檗宗）の寺となった。この時に興禅寺と改名、別個に臨済宗の龍峯寺が建てられることになった。古い伽藍の多くは失われているが、現在本堂となっているかつての藩主の位牌堂と、武家書院造の庭園とその隅にあるキリシタン灯篭は、当時のなごりを残す。

住所／鳥取県鳥取市栗谷町10

PART 4

# 十三宗派以外の古寺

日本仏教十三宗派は1940年
宗教団体法で定められた分類のこと。
長い歴史のなかで十三宗派から独立した
有名な古寺もたくさんある。

浅草寺

写真提供：浅草寺

世界遺産

# 法隆寺《ほうりゅうじ》

## 飛鳥時代の面影を残す世界最古の木造建築群

聖徳宗総本山／奈良県

別名「斑鳩寺《いかるがでら》」とも呼ばれる法隆寺は、607年、用明《ようめい》天皇の遺志を継いで、推古天皇と聖徳太子が建立した寺。奈良時代に開かれた日本の古寺で、現在見られる建造物の多くは、中世以降のもの。創建時の建物は、火災や戦乱で焼失してしまっている場合が多い。

ところが、法隆寺の金堂や五重塔、中門、廻廊は飛鳥時代、経蔵は奈良時代に建立された当時の姿を保っている。寺院建築におけるおもな建造物をまとめて「七堂伽藍《しちどうがらん》」というが、「金《こん》堂《どう》」「講堂《こうどう》」「経蔵《きょうぞう》」「鐘楼《しょうろう》」「僧坊《そうぼう》」「食堂《じきどう》」「塔《とう》」という、そのすべてが古代の姿のまま現存しているのは、唯一、法隆寺のみだ（すべて国宝）。

なかでも、金堂と五重塔は世界的に有名。金堂は入母屋《いりもや》造《づくり》の二重仏堂で、2階建てのように見えるが、上層は木組みのみ。堂内には大陸様の釈迦三尊像のほか、薬師如来像、阿弥陀如来像、四天王像などが安置されている。また、五重塔は、高さ32・5メートルの我が国最古の塔。軒を広く出した安定感のある、美しいつくりになっている。

五重塔や金堂のある西院伽藍に対して、東院伽藍は、聖徳太子一族の住居であった斑鳩宮跡

国宝 釈迦三尊像

写真提供：便利堂

金堂に安置されている釈迦三尊像。飛鳥時代を代表する仏師、鞍作《くらつくりの》止利《とり》の作として知られる。飛鳥時代の623年の作

にあたる。

世界的に有名な建築家・ブルーノ＝タウトが「建築の真珠」と賞賛したという「夢殿」は、東院伽藍の本堂て、天平時代の建築。回廊で囲まれた八角形の円堂で、堂内には、聖徳太子の等身像とされる救世観音像（ともに国宝）が安置されている。

また、法隆寺は、仏教美術の宝庫でもある。法隆寺の仏像・仏具は、飛鳥時代から現代に至るまで各時代のものが現存しており、大変貴重な文化財だ。

そして、明治維新後の廃仏毀釈《はいぶつきしゃく》の際に、法隆寺は寺宝のうち300点余りを皇室に献納している。

現在では、そのほとんどが東京国立博物館の所蔵となり、同館内の法隆寺宝物館で見ることができる。

国宝 中門・五重塔

五重塔は、現存する木造の五重塔としては世界最古。また、中門の左右に安置されている金剛力士像は日本最古の仁王像である

国宝 夢殿

聖徳太子を偲んで739年に建てられた東院伽藍の中核を成す建物

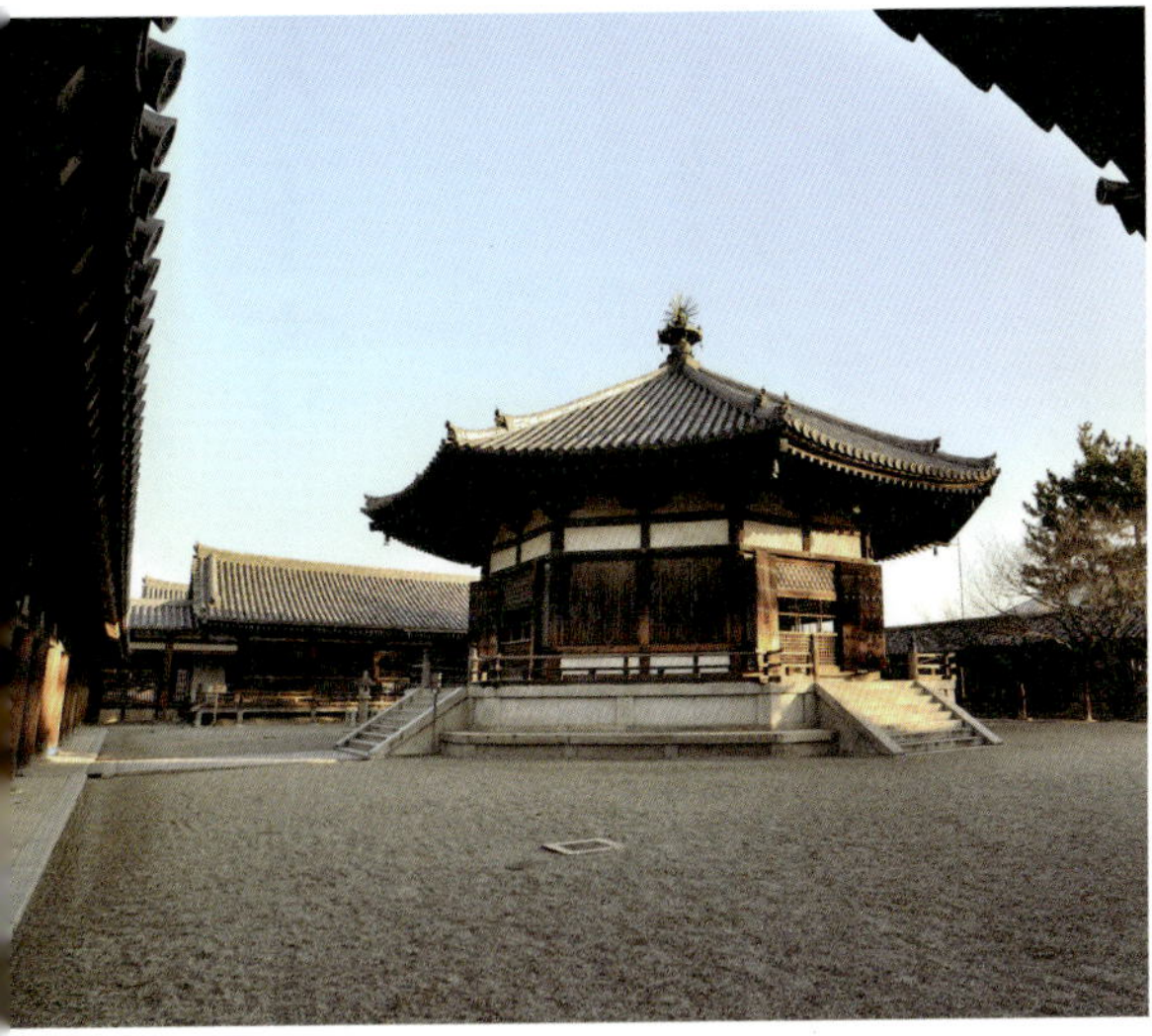

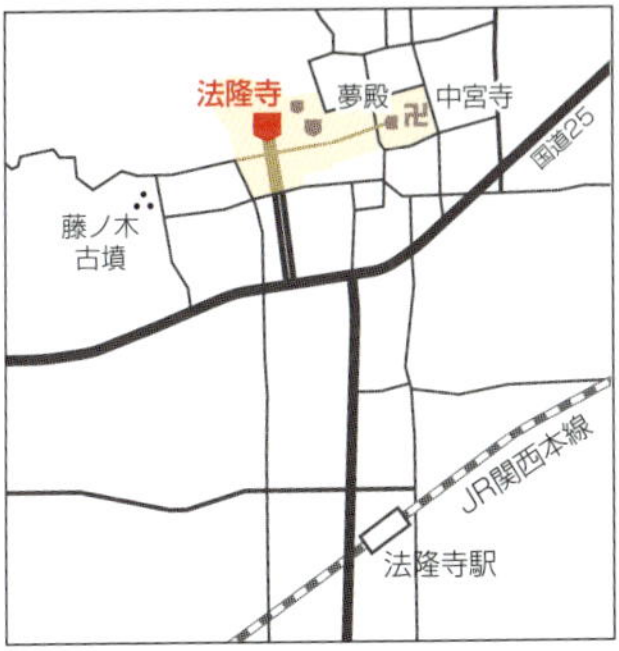


Data

住所／奈良県生駒郡斑鳩町法隆寺山内1-1
アクセス／JR関西本線（大和路線）「法隆寺」駅から徒歩20分、または奈良交通バス「法隆寺門前」すぐ
時間／2月22日～11月3日 8:00～17:00、11月4日～2月21日 8:00～16:30
拝観料／大人1500円、小学生750円

和をもって貴しとなす聖徳太子ゆかりの大寺院

# 荒陵山《こうりょうざん》 四天王寺《してんのうじ》

和宗《わしゅう》総本山／大阪府

大阪のシンボル通天閣のすぐそばに3万坪の境内が広がる。この四天王寺は、「日本仏法最初の官寺」だ。

物部守屋と蘇我馬子の合戦のおり、崇仏派の蘇我氏についた聖徳太子は、形勢の不利を打開するためにみずから四天王像を彫り、戦いに勝つことができれば四天王を安置する寺院を建立し、この世のすべての人々を救済すると誓願した。勝利ののち、その誓いを果たすために建立されたのが四天王寺だ。境内には貧民や病人を保護する悲田院《ひでんいん》も置かれ、多くの人々に仏の慈悲の心を示す施設となった。

創建当初は八宗兼学の寺院で、のちに天台宗に属したが、１９４９年に和宗となった。和宗の名は、聖徳太子が十七条憲法に記した「和をもって貴《とうと》しとなす」の精神に由来し、あらゆる宗派を受け入れる姿勢を表している。

歴史ある寺だけに戦乱の経験も多く、戦国時代には織田信長の焼き討ちに遭うが、豊臣秀頼によって再興された。１９４５年には大阪大空襲で壊滅するが、戦後に五重塔などが鉄筋コンクリート建築で再建されている。

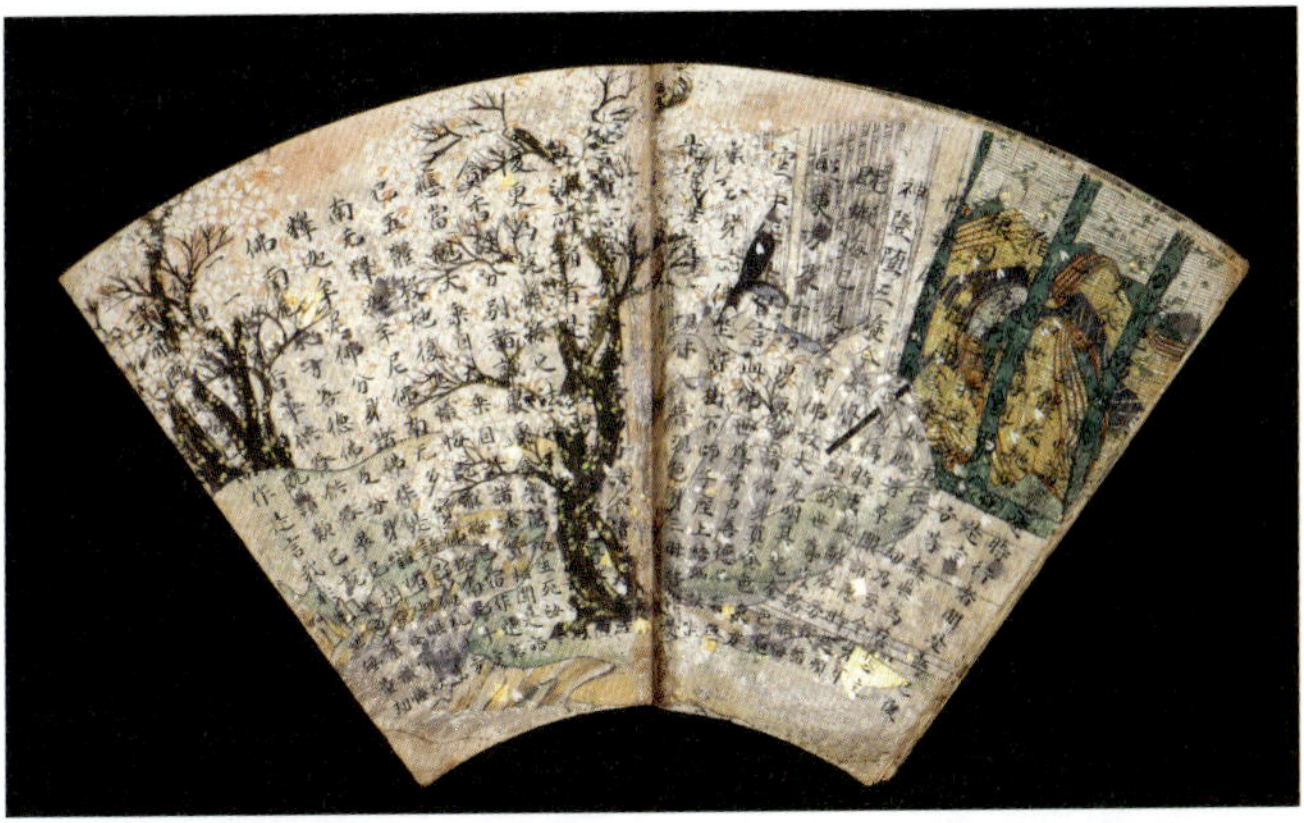

**国宝『扇面法華経冊子』**
平安末期の装飾経。切箔、彩色画を施した扇状の料紙に、法華経を写し、冊子にしたてたもの
写真提供：四天王寺

仁王門と五重塔。仁王門の左右には金剛力士像（松久朋琳・宗琳作）が祀られている
写真提供：大阪観光局

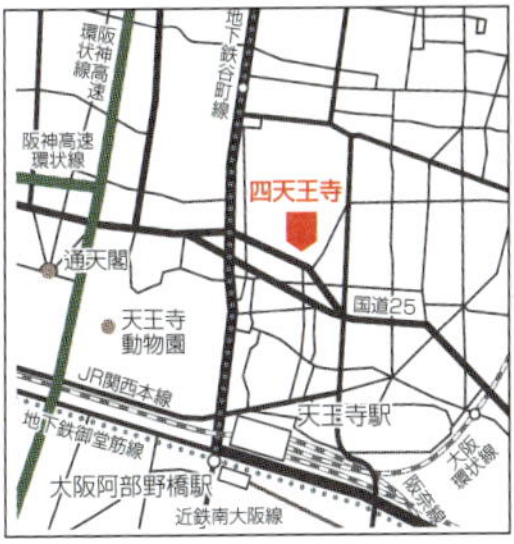


## Data

住所／大阪府大阪市天王寺区四天王寺1-11-18
アクセス／JR環状線・大阪市営地下鉄御堂筋線または谷町線「天王寺」駅から北へ徒歩12分
時間／お堂以外の境内は24時間出入り自由、お堂・中心伽藍・庭園4～9月 8:30～16:30、10～3月 8:30～16:00、六時堂 8:30～18:00
拝観料／中心伽藍・庭園　大人300円、高校大学生200円、宝物館　大人500円、高校大学生300円

世界遺産

# 役小角が築いた歴史ある山伏修行の寺

## 国軸山《こくじくさん》 金峯山寺《きんぷせんじ》

金峯山修験本宗総本山／奈良県

吉野の山中にそびえる金峯山寺は、7世紀末ごろに活動した伝説的な修験道の開祖・役小角《えんのおづぬ》によって築かれたといわれる。平安時代以降、山岳修行の場として多くの山伏や、天台宗、真言宗の僧が集うようになり、藤原道長など都の有力者も多く参詣した。

南北朝時代には、吉野を拠点とした南朝の後醍醐天皇やその皇子・大塔宮護良《もりよし》親王が金峯山寺を居城としている。だが、このため北朝を支援する室町幕府の高師直《こうのもろなお》に焼き討ちにされてしまう。その後、豊臣秀吉によって再建され、江戸時代には徳川家康の側近だった慈眼大師こと天海を学頭に迎えることとなる。

明治維新後は神仏分離令のため修験道は禁止され、寺院ではなく神社となるが、1886年には延暦寺の末寺となる。さらに、戦後の1948年には国宝の蔵王堂を中心として金峯山修験本宗を立て、天台宗から独立した。

金峯山寺の銅の鳥居は、吉野山から大峯山《おおみねさん》（山上ケ岳）にある4門のうちのひとつで、室町時代に築かれた重要文化財。この鳥居の下の祠《ほこら》に役小角の石像が祀られている。2004年には蔵王堂と仁王門が世界遺産に登録された。

写真提供：金峯山寺

重文　金剛蔵王権現　本来は秘仏だが、仁王門の修理勧進のため、2012年から10年間、毎年一定期間、特別にご開帳される

国宝　蔵王堂

蔵王堂と神秘的な吉野の山々。ひと際大きく見える屋根が蔵王堂

写真提供：金峯山寺

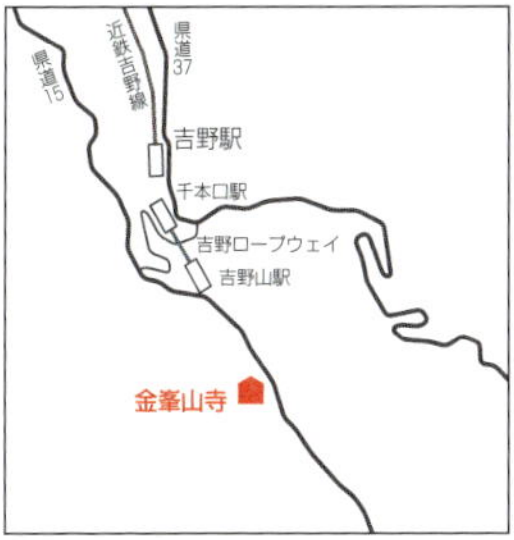


Data

住所／奈良県吉野郡吉野町吉野山2498
アクセス／近鉄吉野線「吉野」駅から吉野ロープウェイ「吉野山」駅下車徒歩10分、「仁王門前」バス停から徒歩2分
時間／8:30～16:30（受付は16:00まで）
拝観料／蔵王堂は大人500円（ご開帳時1000円）

白鳳・天平の伽藍配置 東西ふたつの塔が並ぶ

# 當麻寺《たいまでら》 二上山《にじょうざん》 禅林寺《ぜんりんじ》

浄土宗・高野山真言宗／奈良県

中将姫《ちゅうじょうひめ》が一夜で織り上げたという「當麻曼陀羅」で有名な當麻寺。金堂を中心に、東西ふたつの塔、後ろに講堂を配した白鳳・天平時代の伽藍配置が現存する国内唯一の寺だ。

その草創期には定かでない点もあるが、612年、聖徳太子の弟・麻呂子《まろこ》親王が「万法蔵院」を現在の大阪・河内に建立したのが起こりとされる。その後、親王の孫・当麻国見が681年、役行者が開いた現在の場所に金堂を建立。ここに弥勒仏を祀り、當麻寺としての歴史を歩むこととなる。

當麻寺最古の建造物は、東塔。奈良時代末期に建てられたとされ、国宝に指定。対する西塔が建てられたのは平安時代で、東塔の建立から100年以上後のことだとされる。同じ白鳳時代創建の東大寺や薬師寺などにも2基の塔があるが、平地に相対して建つ。この當麻寺では山の中腹に建っており、伽藍の中心に対しても左右非対称。當麻寺の謎のひとつとしてよく語られることだ。

また、「十一面観音菩薩」、「円光大師法然上人像」をはじめ、さまざまな時代の寺宝を多く所蔵している。ボタンの名所としても知られる。

国宝　東塔

東塔は金堂より高い位置に置かれ、異例の配置だ。写真は東塔を借景とする庭園より

写真提供：當麻寺中之坊

国宝　本堂（曼陀羅堂）

當麻曼陀羅を安置している本堂

写真提供：當麻寺奥院

## Data

住所／奈良県葛城市當麻1263
アクセス／近鉄南大阪線「当麻寺」駅から徒歩15分
時間／9:00～17:00
拝観料／伽藍三堂500円（時期によって変動あり）
中之坊500円

## 縁起は飛鳥時代にさかのぼる東京寺院巡りの定番

# 金龍山《きんりゅうざん》　浅草寺《せんそうじ》

聖観音宗総本山／東京都

今もなお江戸下町の情緒を漂わせる浅草寺は、東京最古の寺だ。

本尊の観音像は、飛鳥時代の628年、江戸浦（現在の隅田川）で兄弟の漁師が発見したといわれる。これを645年に勝海上人が秘仏として祀り、平安時代の初期に慈覚大師こと円仁がお前立観音像を謹刻し、安置した。平安時代には地震や火災により境内が荒れ果てたこともあったが、1169年に用舜《ようしゅん》という僧が中心となり再建された。

源頼朝も鎌倉幕府を開く前に平家打倒を祈願して参詣した。以降も足利尊氏をはじめとした多くの武将から庇護を受け、発展していった。江戸時代には、徳川家康によって将軍家の祈願寺となり、1680年代の貞享《じょうきょう》年間に現在まで続く門前の仲見世ができ、庶民の参拝客でにぎわうようになる。

長く天台宗に属したが、1950年に聖観音宗として独立した。総門の雷門は、重さ700キロの大提灯で有名。正式名は風雷神門で風神と雷神を祀る。これは、戦後に松下幸之助氏の寄進で再建された。

本堂にあたる観音堂も壮大だ。ご本尊は秘仏で、ご開帳されることがない観音様だ。

言わずと知れた浅草のシンボル・雷門

写真提供：浅草寺

写真提供：浅草寺

祭りや行事が盛んに行なわれている浅草寺。3月の本尊示現会、10月の菊供養会などで山号となっている金龍の舞が名物だ

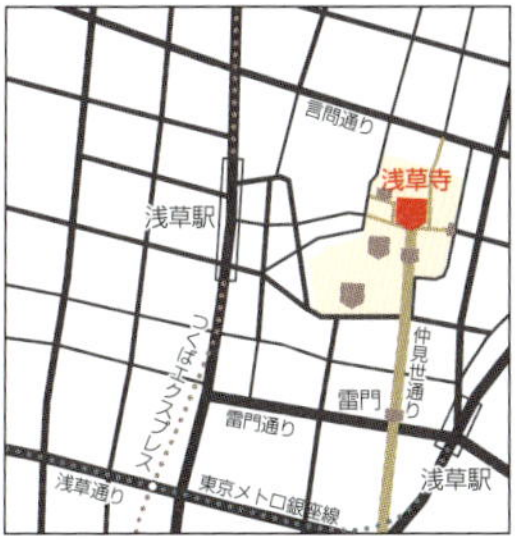


## Data

住所／東京都台東区浅草2-3-1
アクセス／東武スカイツリーライン・都営地下鉄浅草線・東京メトロ銀座線「浅草」駅から徒歩5分
時間／4月〜9月 6:00〜17:00、10月〜3月 6:30〜17:00
拝観料／無料

世界遺産

# 朝日山《あさひさん》 平等院《びょうどういん》

## 藤原氏の栄華を伝える平安時代の代表的建築

無宗派／京都府

10円硬貨の図案として誰もが目にしたことのある平等院鳳凰堂《ほうおうどう》。もとは平安時代前期の左大臣・源 融《みなもとのとおる》の別荘で、10世紀末に藤原道長に譲られ、1052年に道長の子で関白の藤原頼通が寺院を築いた。翌1053年には鳳凰堂も完成し、落慶供養が行なわれた。その後、法華堂や多宝塔などが建てられたが、1336年に戦火に巻き込まれ、現在残るのは鳳凰堂、観音堂、鐘楼だけだ。

また、平等院は1180年に平氏政権に対して決起した源頼政が敗走し自刃した場所で、境内には源頼政の墓もある。以降も足利尊氏と楠木正成の合戦など、多くの戦乱の舞台となった。

創建時はまさに末法思想が広まっていた時期だけに、鳳凰堂や庭園は極楽浄土をイメージしている。本尊の阿弥陀如来坐像や中堂の屋根上に置かれた金銅の鳳凰像は、いかにも平安貴族文化が成熟した時代らしい、たおやかな雰囲気だ。阿弥陀如来坐像は平安時代を代表する仏師の定朝の作で、創建当時から鳳凰堂に安置されている。金銅鳳凰像は現在は平等院ミュージアム鳳翔館に展示されているが、落慶当初は鳳凰堂に設《しつら》えられていた。現在はともに国宝に指定されている。平等院ミュージアム鳳翔館には、貴重な宝物が収められている。

写真提供：平等院

**国宝　鳳凰堂**

中堂には、国宝である阿弥陀如来坐像が安置されている

**国宝　金銅鳳凰**

オリジナルの鳳凰は境内に併設された平等院ミュージアム鳳翔館に展示されている

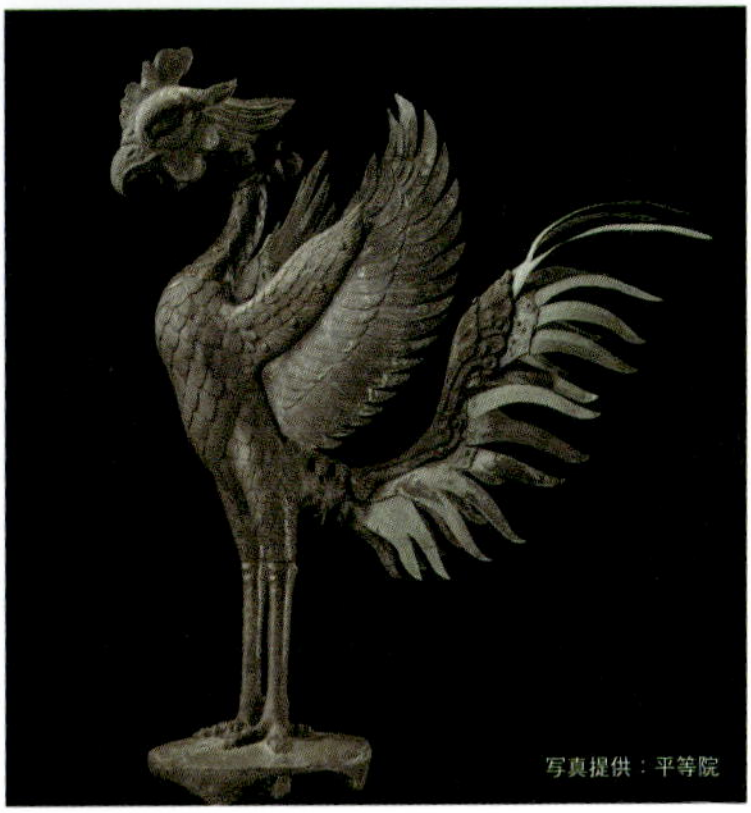

写真提供：平等院

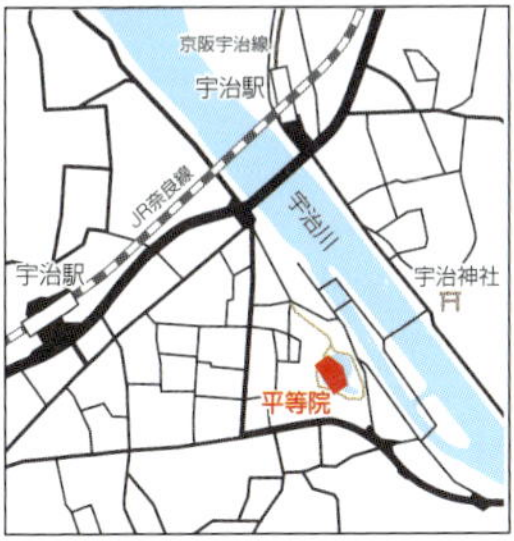


## Data

住所／京都府宇治市宇治蓮華116
アクセス／JR奈良線「宇治」駅から徒歩10分、京阪宇治線「宇治」駅から徒歩10分。
時間／庭園8:30～17:30、平等院ミュージアム鳳翔館9:00～17:00、鳳凰堂内部9:10～16:10
拝観料／（入園＋鳳翔館）大人600円、中高生400円、小学生300円（鳳凰堂内部は別途300円）

本堂の前にハスが生けられ、夏には蓮酒なども楽しめる

# 明星山《みょうじょうざん》 三室戸寺《みむろとじ》

本山修験宗別格本山／京都府

アジサイをはじめとして、ツツジ、ハスなど、四季折々に花が咲くことから「花の寺」として知られる三室戸寺は、770年創建。

光仁天皇は、毎夜、金色の光が宮中に射し込むのを見て、その正体を確かめるべく、右《う》少弁《しょうべん》犬養《いぬかい》に命じた。犬養が光のもとをたどって宇治川の支流・志津川へ行くと、一枚のハスが流れてきて、それが観音像になった。その観音菩薩を祀って創建したのが、三室戸寺の起こりだと伝えられている。

現在の本堂は、1814年に再建されたもので、重層の入母屋造。ここに先の観音菩薩が納められているが、秘仏のため非公開。

住所／京都府宇治市菟道滋賀谷21

# 定額山《じょうがくさん》 善光寺《ぜんこうじ》

## 本坊《ほんぼう》・大勧進《だいかんじん》／本坊《ほんぼう》・大本願《だいほんがん》

無宗派（天台宗・浄土宗）／長野県

国宝 本堂 ©善光寺
国内有数の大きさを誇る木造建築

創建は644年。皇極《こうぎょく》天皇が開基と伝わる、日本において宗派が確立される前の寺院だ。

浄土信仰がさかんになった11世紀前半ごろは、善光寺聖《ひじり》と呼ばれる民間僧が本尊のご分身仏を背負い、縁起を唱導して、全国各地を遍歴しながら善光寺信仰を広めた。鎌倉時代になると、源頼朝や北条一族が篤《あつ》く善光寺を信仰し、諸堂の造営や田地の寄進を行なった。現在の前立御本尊は鎌倉時代のもの。

現在も無宗派単立だが、山内には、天台宗の本坊「大勧進」と25院および、浄土宗の本坊「大本願」と14坊がある。この大本願は尼寺で、大寺院としてはめずらしい。

住所／長野県長野市元善町491-イ

世界遺産

1200年の歴史ある京都屈指の名所

# 音羽山《おとわさん》 清水寺《きよみずでら》

北法相宗大本山／京都府

寺号は音羽の滝に流れる霊泉に由来する。草創は奈良時代末の778年と古く、奈良で修行を積んだ僧の賢心が、夢に出てきた老翁の助言に従ってこの地で清らかな滝を見つけたことに始まるとされる。

その後、蝦夷《えみし》征討で知られる坂上田村麻呂が賢心の教えに感銘を受け、798年に本尊の十一面千手観世音菩薩を寄進し、寺院として建立されたと伝わる。長らく法相宗と真言宗の兼寺だったが、明治期以降は法相宗の寺となり、1965年に北法相宗として独立した。

幾度も戦火にさらされ、『平家物語』にも清水寺炎上のエピソードが出てくる。現在の伽藍の大部分は、江戸時代に再建されたものだ。本尊である十一面千手観音像も江戸時代の作。33年に一度開帳される秘仏となっている。

一大決心をさす「清水の舞台から飛び降りる気で〜」というフレーズで有名な錦雲渓の舞台は、高さ4階建てのビルに相当する。本尊に奉納する能や狂言が行なわれた、釘をいっさい用いない建築物だ。

国宝 本堂 「清水の舞台」として知られる。春・夏・秋の夜の特別拝観時には、境内がライトアップされる ※2020年まで屋根のふき替え工事中のため、現在の景色とは異なります。参拝可

清水寺に続く急勾配の道には多くの土産物店が並ぶ

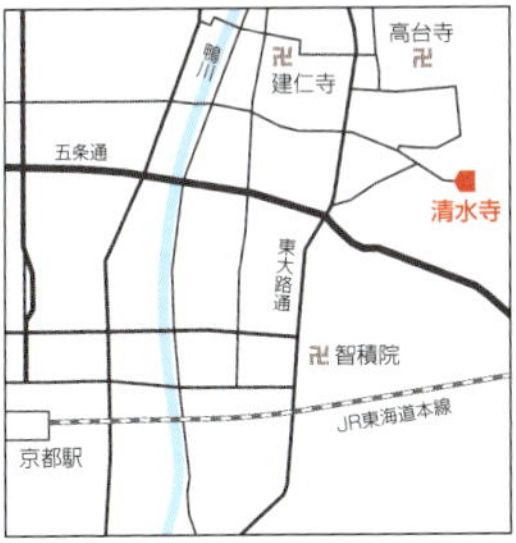


## Data

住所／京都府京都市東山区清水1-294
アクセス／JR東海道本線「京都」駅から京都市バス100番、206番に乗車。「五条坂」下車徒歩10分
時間／9月～6月 6:00～18:00、7月～8月 6:00～18:30（※夜の特別拝観がある時期をのぞく）
拝観料／大人400円、小中学生200円（夜間拝観は大人400円、小中学生200円）

# 三《み》井《い》寺《でら》

## 長等山《ながらさん》 園城寺《おんじょうじ》

天台寺門宗総本山／滋賀県

三井寺の境内でもとくに大きく威容を誇る金堂は、豊臣秀吉の正室・北政所による再建

園城寺は壬申《じんしん》の乱で敗れた大友皇子の子・大友与多王が、父を弔うために686年に創建した。平安時代に智証大師こと円珍により再興されたが、天台宗総本山の延暦寺（山門派）とは次第に対立し、993年に天台宗寺門派として独立した。

天智天皇、天武天皇、持統天皇が産湯を使った「御井」があるため三井寺とも呼ばれるようになった。この御井は、現在も金堂西側にある閼伽井屋から湧き出ている水だとされている。桃山時代に築かれた厳かな光浄院客殿と勧学院客殿は国宝だ。所蔵品の金色不動明王画像（黄不動尊）も国宝となっている。

住所／滋賀県大津市園城寺町246

## 聖護院《しょうごいん》

本山修験宗総本山／京都府

白河上皇の護持僧であった増誉が熊野御幸に際し、先達を務められた功績によって「聖体護持」より2文字を取った聖護院を賜ったのが始まり。境内には、光格天皇と孝明天皇が使った史跡指定の仮皇居や、後水尾天皇作の書院もある。また、本尊の木造不動明王像のほか、木造智証大師像などを所蔵している。

住所／京都府京都市左京区聖護院中町15

本殿と宸殿。宸殿には狩野派によるふすま絵が100面以上残っている

写真提供：聖護院

## 鞍馬寺《くらまでら》

鞍馬弘教総本山／京都府

牛若丸こと源義経が修行したと伝えられる鞍馬寺は、奈良時代の770年、唐から来た鑑真和上の弟子・鑑禎《がんてい》上人によって開山された。平安時代には天台宗の寺院となるが、1949年に鞍馬弘教として独立した。本尊の三身一体尊天、毘沙門天と千手観音、護法魔王尊は、60年に一度のみ開帳される秘仏だ。

住所／京都府京都市左京区鞍馬本町1074

長い参道の両脇には鮮やかな朱色の灯籠が並ぶ。奥に見えるのは仁王門

©Kyoto-Picture

# PART 5

# 日本の仏教史と宗派の起源

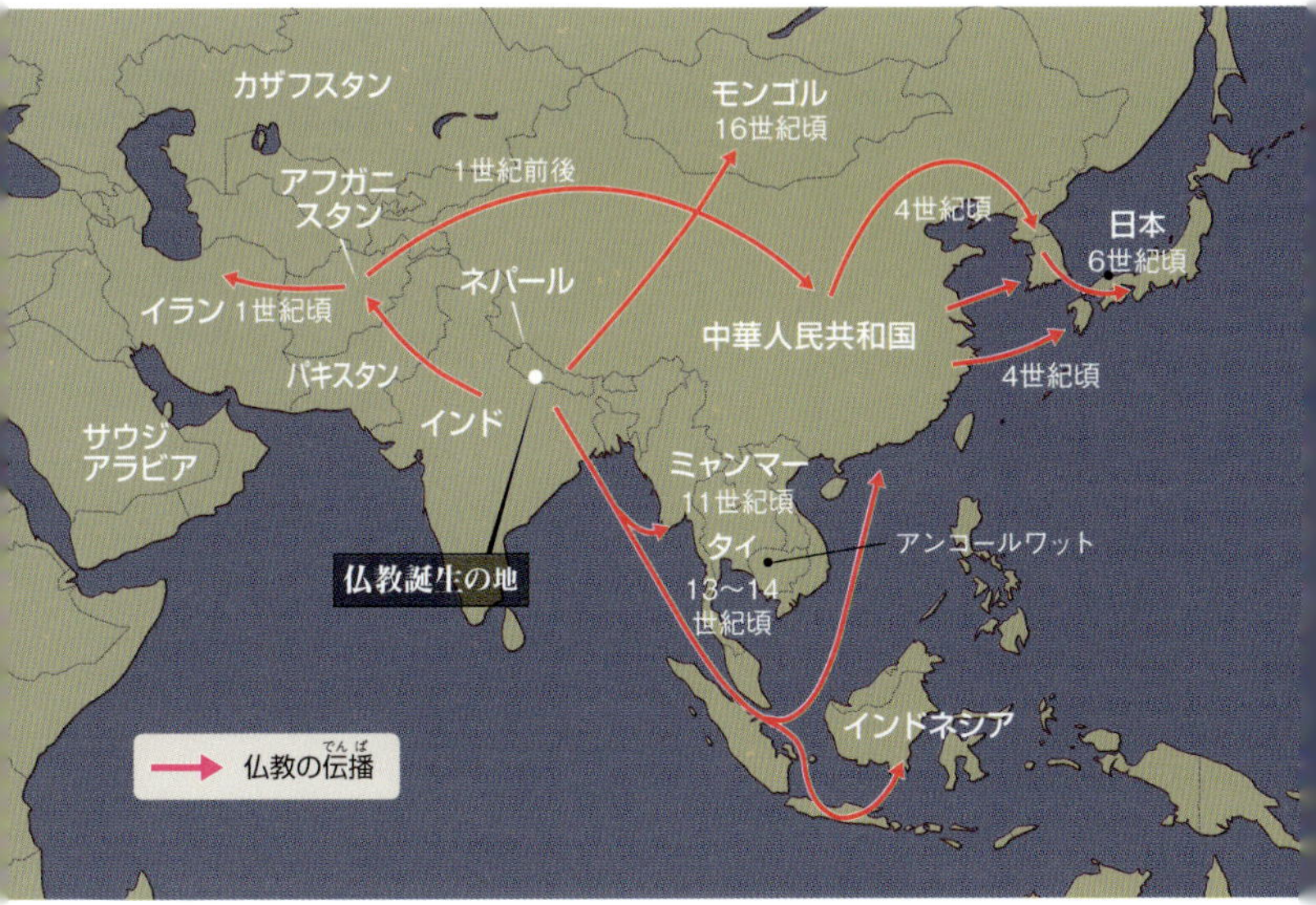


## 解釈の違いによって分裂

仏教とはお釈迦様の教えをもとに開かれた宗教だ。その目的は「悟りを開いて苦悩を捨て去り、ブッダになること」にある。

悟りを開く方法について、お釈迦様は相手の素質や境遇に合わせて説き分ける方法を選んだ。つまり、一人ひとりが違う言葉で教えを受けたのだ。そのためお釈迦様が生きていた時代は、万人に共通する形式化された経典は存在しなかった。

お釈迦様が亡くなった後、その教えが薄れてしまうことを恐れた弟子たちは、お釈迦様にいわれた言葉やそれぞれの解釈を書き残していく。これがおよそ3000という膨大な数の仏教経典になる。

やがて仏教は、数多くの経典とともに中国に伝わる。中国は儒教の国であり、昔から師弟関係のある学派が数多く存在していた。そのため仏教にふれた者は経典の解釈を求めて信頼できる師を仰ぎ、自然といくつかのグループに分かれていった。これが仏教の各宗派になったのだ。

日本に仏教が伝わったのは飛鳥時代のころ。中国から朝鮮半島の百済《くだら》を経由してやってきた。当時の日本の仏教は百済仏教そのもので、ほかの宗派までは伝わっていなかった。

やがて奈良時代になると、中国から初めて6つの宗派が輸入される。これが法相宗《ほっそう》、華厳宗、律宗、三論宗、倶舎宗《くしゃ》、成実宗《じょうじつ》という「南都六宗」だ。この時代の仏教は、宗教というより経典の解釈を目指す学問としての色が強く、お釈迦様の教えを広めたり修行をしたりするものではなかった。

平安時代になるとそれに反発するかのように、ただの学問ではなく日本流のアレンジを加えて衆生《しゅじょう》を救おうとする2人の僧が現れた。それが最澄と空海だ。

## 十三宗が固定化される

最澄と空海は遣唐使の一員として中国に渡り、当時の中国で流行していた密教の要素を日本にもち込んだ。そして最澄が天台宗、空海が真言宗を開く。それまで大陸直輸入でしかなかった仏教から、日本オリジナルの宗派が生まれた瞬間だ。

ここから日本の仏教界は一気に加速する。平安時代から鎌倉時代にかけて、浄土宗、浄土真宗をはじめとした宗派が次々に誕生した。そして江戸時代に黄檗宗が生まれ、日本仏教の代表的な十三宗派が出そろうことになる。

　ここで江戸幕府は、民衆に大きな影響を与える仏教教団を統制するための政策を実施した。そのひとつが「本末制度」と呼ばれるものだ。小さな寺院を末寺、大きな寺院を本山というが、全国にあるすべての末寺を有名な本山に管理させ、勝手に新たな寺を建立することを禁止した。

　加えて幕府は、庶民をいずれかの宗派に所属させる「檀家制度」を実施した。こうした管理の結果、日本では新宗派を興すことができなくなり、戦前まで十三宗五十六派という数で固定されることになった。

## 十三宗派年表

| 時代区分 | 開宗年 | 宗派／宗祖 | 大本山・総本山 |
|---|---|---|---|
| 飛鳥 | 660年頃 | 法相宗 道昭 | 興福寺 薬師寺 |
| 奈良 | 740年 | 華厳宗 良弁 | 東大寺 |
| 奈良 | 759年 | 律宗 鑑真 | 唐招提寺 |
| 平安 | 806年 | 天台宗 最澄 | 延暦寺 など |
| 平安 | 816年 | 真言宗 空海 | 金剛峯寺 |
| 平安 | 1117年 | 融通念佛宗 良忍 | 大念佛寺 |
| 平安 | 1175年 | 浄土宗 法然 | 知恩院 |
| 鎌倉 | 1224年（『教行信証』成立年 諸説あり） | 浄土真宗 親鸞 | 本願寺 東本願寺 など |
| 鎌倉 | 1191年 | 臨済宗 栄西 | 妙心寺 建長寺 など |
| 鎌倉 | 1227年 | 曹洞宗 道元 | 永平寺 總持寺 |
| 鎌倉 | 1253年 | 日蓮宗 日蓮 | 久遠寺 |
| 鎌倉 | 1274年 | 時宗 一遍 | 遊行寺（清浄光寺） |
| 江戸 | 1661年 | 黄檗宗 隠元 | 萬福寺 |

# 法相宗《ほっそうしゅう》

## すべては「識（心）」で生み出される

### 概要

宗祖　道昭《どうしょう》

日本伝来
660年ごろ

主な教典
『解深密経』
『成唯識論』

本尊
薬師如来を祀る寺院が多い

## 三蔵法師の弟子が開く

奈良時代にはまだ日本独自の仏教宗派が存在していなかったので、当時の僧たちは中国から伝わってきた「南都六宗」と呼ばれる6つの宗を学んでいた。そのうちのひとつが、法相宗となる。法相宗の始祖は玄奘《げんじょう》三蔵。『西遊記』の三蔵法師としても知られる僧だ。玄奘は7世紀初頭に中国からインドへ渡り、経典をもち帰ってきた。帰国後の玄奘は、もち帰った経典の漢訳に励む。そのなかのひとつ、『成唯識論《じょうゆいしきろん》』という論典を拠《よ》り所にして法相を開いたのが、玄奘の弟子の慈恩大師となる。法相宗が日本に伝わったのは653年。道昭という僧が中国に渡り、玄奘に直接師事した後、日本で広めた。つまり法相宗の基盤をつくった始祖が玄奘で、宗祖が慈恩大師。日本に伝えた道昭は、伝祖と呼ばれている。

## 「心」が働くからこそ、存在している

法相宗が拠り所にしているのは、『成唯識論』と『解深密経《げじんみっきょう》』という、「唯識」という概念に焦点を当てた宗派である。法相宗を理解するためには、この唯識を理解する必要がある。

中国・西安市、大慈恩寺の玄奘三蔵法師像。背後の大雁塔には玄奘がインドからもち帰った経典が納められている

唯識とは「唯（ただ）、識（心）ばかり」という意味だ。一般的に人間は目耳口鼻肌の5つの感覚器官を通して認識するため、すべてのものは体の外、心の外にあると考えてしまう。しかし唯識はそうではなく、存在しているものがそこにあるから見えるのではなく、見ようとする「心」が働くからこそ、対象物がそこに存在している、としている。

このような人間の五感に、さらに「意識」を加えた六識と、さらにその奥の無意識のなかにある「末那識《まなしき》」「阿頼耶識《あらやしき》」といった二識が加わることで成り立っているというのが唯識の思想だ。人間が悟りを開くためには、唯識を正しく理解して、自己変革をしていかなければならない。その修行の第一歩は、自覚できる「意識」の世界で心を正しく保つところから始まる。

## 有名な大仏は宇宙全体を照らす

# 華厳宗《けごんしゅう》

概要

宗祖 良弁《ろうべん》

日本伝来
736年ごろ

主な教典
『華厳経』

本尊
盧舎那仏

### ブッタの最初の教え

華厳宗は南都六宗のひとつ。東大寺が大本山で、そこに祀られている「奈良の大仏」こと盧《る》舎那仏《しゃなぶつ》を本尊としている。拠り所は『華厳経』となる。『華厳経』は今から2000年以上も前、インドのゴータマ・シッダールタ王子（釈迦）が悟りを開き、ブッダになった後、最初に説いたものといわれている。そのため、釈迦が悟りに至った教義がありのままの形で書かれていると考えられ、この経典を基に華厳宗が成立した。

始祖は唐時代の僧、杜順《とじゅん》。その後、法蔵という僧によって大成された。日本の華厳宗の始まりは740年に新羅《しらぎ》の僧、審祥《しんじょう》であり、後に『華厳経』を学んだ日本の僧、良弁が日本の華厳宗の確立した。そのため良弁が日本における始祖となっている。

### 一のなかにすべてがある

『華厳経』とはじつは略称で、正式名称は『大方広仏華厳経《だいほうこうぶつけごんきょう》』という。大方広とは、大きく、方しく、広い真理を意味する。『華厳経』の「華」はいろいろな花を意味し、「厳」は荘厳（美

南都六宗の宗派と教え

### 三論宗《さんろんしゅう》

「空」の教えを基本としている。中国の吉《きち》蔵《ぞう》が大成し、日本には625年に高句麗の慧《え》灌《かん》から伝えられた。

### 成実宗《じょうじつしゅう》

三論宗の基礎学として、「空」の教えを探求する。仏教の概論的な内容も含まれる。日本には百済の僧により伝えられた。

### 法相宗《ほっそうしゅう》

玄奘《げんじょう》三蔵法師の弟子・窺基《きき》が7世紀に開宗。『成唯識論《じょうゆいしきろん》』を経典とする。日本の遣唐使の僧・道昭《どうしょう》が玄奘に師事し、もち帰った。

### 俱舎宗《くしゃしゅう》

法相宗の基礎学として、仏教の基礎理論を学ぶ。法相宗と同じく、道昭がもち帰った。

### 華厳宗《けごんしゅう》

『華厳経』を根本経典としている。6～7世紀に中国の杜順《とじゅん》が開宗し、法蔵《ほうぞう》が大成する。日本には新羅の審祥《しんじょう》が伝える。

### 律宗《りっしゅう》

仏教の戒律についての教え。7世紀に中国の道宣が開宗した。鑑真の渡来により、日本の受戒制度が確立された。

しく飾る）という意味がある。

華厳宗の基本教理は「一即多、多即一」。ここでいう「一」は、一微塵（非常に小さいもの）を示す。そして「多」はすべてのものを示す。ようするに「一微塵とはすべてのものであり、すべてのものは一微塵である」といっている。

たとえば、人間の体全体を「多」、細胞を「一」とするなら、細胞は体全体のことであり、体全体とは細胞のことだ。このように「多」のなかに「一」が含まれているように、「一」のなかにも「多」が含まれているということ。一微塵のなかに全世界が反映されており、全世界は一微塵に反映されている。こうして万物は調和がとれているという考え方を「無尽縁起」といい、それが『華厳経』の根本理念なのだ。

# 律《りっ》宗《しゅう》

## 規律を守れば調和の世界に到達する

概要

宗祖 鑑真《がんじん》

日本伝来
759年

主な教典
『四分律蔵』
『梵網経』

本尊
盧舎那仏

仏教関係の典籍は、お釈迦様の教えを記録した「経」、僧や信者が守るべき戒律を記した「律」、それらに注釈を加えた「論」の3つにまとめられる。律宗はそのうち「律」に重きを置いていることが、宗派名の由来となっている。つまり、ルール（戒律）をしっかりと守り、それを実践していこうとする宗派なのだ。

### 5度も来日に失敗した鑑真

法相宗や華厳宗が伝わり、仏教が発展してきた奈良時代の日本の僧たちは、研究ばかりで戒律がいい加減になっていた。そのため聖武天皇は戒律を重んじる律宗の高僧を唐から招くことにした。それが、唐の大明寺で4万人以上に戒律を授けたという鑑真だ。鑑真は律宗を大成させた道宣の孫弟子にあたる人物でもあるので、最適の人材だった。

しかし日本への渡航は何度も失敗する。5度目になると鑑真は視力を失っていたが、10年以上かけて6度目の渡航で日本上陸が成功する。そして東大寺に戒壇を設け、人々に戒律を授けていった。その後、唐招提寺を創建し、律宗の根本道場としたのだ。

古代、遣唐使船の寄港地として栄えた坊津《ぼうのつ》（鹿児島県南さつま市）の港。鑑真は6度目にしてこの付近の秋月地区にたどりついた

## 律を自発的に守る戒

律宗が重視する戒律とは、「戒」と「律」を組み合わせたもの。「律」は秩序維持のために決められたルールで、「戒」はそれらを自発的に守ろうとする姿勢を指す。

律宗の「戒」は大きく3つに集約される。戒律を守り、悪を寄せ付けないようにする「摂律儀戒《しょうりつぎかい》」、みずから進んで善行を積む「摂《しょう》善法戒《ぜんほうかい》」、人々の幸せのために尽力する「摂《しょう》衆生戒《じゅしょうかい》」。このうち「摂善法戒」と「摂衆生戒」は、大乗仏教特有の考え方だ。この3つの戒を身口意《しんくい》（行動、言葉、精神）にわたって実践することで、悟りを開く道が開ける。そのために行なわれるのが、高僧が戒律を授ける「授戒」という行為だ。授戒された者は無意識のうちに諸悪煩悩を遠ざけ、戒律を遵守する力が働くとされている。

# 天台宗《てんだいしゅう》

## 日本仏教界の母体となる新宗派の誕生

概要

宗祖 最澄《さいちょう》

成立年
806年

おとなえ
南無妙法蓮華経、南無阿弥陀仏

本尊
釈迦如来、阿弥陀如来など

### 総合仏教にアレンジ

最澄の天台宗はもともと中国にあった天台宗を発展させたものだ。中国の天台宗を築き上げたのは、隋の智顗《ちぎ》という僧だった。お釈迦様は聞き手によって説法の内容を説き分けていたため、膨大な数の教典は少しずつ内容が違うものになっていた。そこで智顗は、各経典を研究して目的や性質を探り出した。その結果、お釈迦様が最も衆生に説きたかった経典は『法華経』であり、ほかの経典は『法華経』の内容を補完するためのものだと結論づけたのだ。

こうして智顗が『法華経』を中心に整理し直した仏教は、「天台教判」と呼ばれ、中国仏教の完成とまでいわれた。これに目をつけたのが、まだ若い僧だった最澄だ。

最澄は８０５年に唐へ渡り中国天台宗を学んだ。帰国した最澄の開いた天台宗は、もとから中国にあった天台宗と大きく違っていた。中国天台宗に密教、禅、戒律という4つの思想を統合して発展させた最澄のオリジナルだったのだ。仏教のさまざまな要素をミックスさせたことで、最澄の天台宗は仏教の総合体ともいえる立場になる。このことにより天台宗は南都六宗を

### 最澄と空海の主な違い

| 伝教大師・最澄 | 弘法大師・空海 |
|---|---|
| **宗派・総本山** | **宗派・総本山** |
| 天台宗・比叡山 延暦寺 | 真言宗・高野山 金剛峯寺 |
| **宗旨** | **宗旨** |
| 南都六宗を含む、あらゆる宗派を統合した総合仏教 | 加持祈禱を実践する密教 |
| **特徴** | **特徴** |
| 一切衆生悉有仏性《いっさいしゅじょうしつうぶっしょう》（あらゆる生物は仏性をもつ） | 即身成仏《そくしんじょうぶつ》（生きたまま仏になれる） |

学ぶ僧たちの関心を集めることになる。

## 朝に題目、夕に念仏

天台宗では『法華経』がお釈迦様が説く最高の真理としている。そのため朝には「南無妙法蓮華経」という『法華経』の題目をとなえるのだが、夕方には『阿弥陀経』の「南無阿弥陀仏」という念仏をとなえるところが多い。ほかにも『大日経』を読経することもある。これは最澄の天台宗が仏教のさまざまな思想をミックスした結果にほかならない。

また、奈良時代の仏教は悟りを開く道につながっているのは「菩薩乗《ぼさつじょう》」のみとされていたが、最澄はそれに異をとなえた。すべての修行者は誰もがひとつの大きな乗り物に乗ってブッダになれるという「一乗説《いちじょうせつ》」を推したのだ。こうしたさまざまな仏教改革が、後年誕生する「浄土宗」に大きな影響を与えた。

# 真《しん》言《ごん》宗《しゅう》

## 密教を受け継ぎ「真理の言葉」を重視する

概要

宗祖 空海《くうかい》

成立年
816年

おとなえ
南無大師 遍照金剛

本尊
大日如来

### 密教界の超新星、空海

「ノウマク・サンマンダ・ボダナン」など、大乗仏教に含まれる密教には真言と呼ばれる言葉がある。真言とは「真理（仏）の言葉」。となえるだけで諸悪を退け、悟りに達するといわれている。サンスクリット語でとなえなければ効果がなく、冒頭の真言は日本語で「あまねく諸仏に帰依します」という意味になる。真言宗はこの真言を重視している宗派だ。

真言宗の宗祖は弘法大師・空海。寺院に入らず、山岳修行を重ねるなかで密教にふれた空海は、804年に密教を学ぶため遣唐使の一員として唐へ渡り、帰国後に真言宗を開く。このころはまだ拠点となる寺院がなく、全国を渡りながらさまざまな奇跡を起こしたといわれている。そして816年、高野山に金剛峯寺を創建し、823年に嵯峨天皇から東寺（教王護国寺）を賜り、両寺院を真言密教の根本道場とした。

真言宗の本尊は大日如来だ。しかし真言宗系の寺院には、薬師如来や不動明王など、さまざまな仏像が本尊として祀られている。これは大日如来は宇宙そのものであり、あらゆる神仏諸

©Cyril Bele

金剛峯寺奥之院の参道には武将から庶民まで数え切れないほどの墓碑が並ぶ

尊に姿を変えて、変幻自在な教えを説くとされているからだ。その変化の図式を描いたのが、大日如来を中心にして諸仏を規則的に配置した密教の絵画美術「曼荼羅」だ。

## 即身成仏でブッダになる

真言宗の根底にある密教の反対語に「顕教」という言葉がある。顕教はお釈迦様の言葉を人々に伝えるもので、密教は言葉にできない秘密の教えを追究していく意味がある。

その秘密の真理に到達するために修行を行ない、最終的には真理そのものを示す大日如来と一体化することが真言宗の目的となる。これを「即身成仏」という。手に印を結び、真言をとなえ、心に諸仏を浮かべる「三密」と呼ばれる修行をくり返すことで、体と言葉と意識が大日如来と一体となり、即身成仏してブッダになれると説いている。

# 融通念佛宗《ゆうづうねんぶつしゅう》

## 念仏は全員でとなえてこそ功徳がある

概要

宗祖 良忍《りょうにん》

成立年
1117年

おとなえ
南無阿弥陀仏

本尊
十一尊天得
如来絵像

### 20余年におよぶ過酷な修行

悟りを開けば阿弥陀如来がいる極楽浄土に往生して、仏の一員になれると考える仏教宗派を「浄土系」という。融通念佛宗もそのひとつである。本尊の十一尊天得如来絵像は阿弥陀如来を中心に10体の菩薩がその周囲を取り囲んでいる絵である。

良忍は21歳の時には指導する立場であったが、学問の議論ばかりが行なわれ、仏道を求める心が薄れていた当時の比叡山に失望し、23歳の時、京都の大原という地に隠棲する。大原にこもった良忍は、悟りを開いて往生するため、よりいっそう厳しい修行を始める。

過酷な修行を続けて46歳になった時、良忍の前に阿弥陀如来が姿を現した。そして阿弥陀如来から融通念仏の要となる「一人一切人、一切人一人、一行一切行、一切行一行」というお告げと、本尊となる十一尊天得如来の絵像を授かり、融通念佛宗を創始する。そしてその10年後、良忍のうわさを聞いた鳥羽上皇の勅願によって、融通念佛宗の根本道場となる大念佛寺を開創したのだ。

写真提供：大念佛寺

大念佛寺で行なわれる「大数珠くり」。大数珠を本堂に広げ、参拝者もともに、お念仏をとなえながら大数珠を回す

## 全員でとなえる合唱念仏

「一人一切人、一切人一人」とは「ひとつのなかに全体が含まれ、全体のなかにひとつが含まれる」という『華厳経』の教えと同じものだ。そして続く「一行一切行、一切行一行」は、「ひとりの修行（念仏）は全員の修行、全員の修行はひとりの修行」となる。

融通念佛宗はこれに基づき、ひとりの念仏が、全員の念仏と融合して通じ合い、初めて全員が仏の功徳を得られるとしている。つまり、自力の念仏＋他力の念仏＋阿弥陀如来の願力。この三者を融通させることを目的としているので、大勢の人々でとなえる「合唱念仏」が基本となっている。

宗祖の良忍は融通念仏宗を開いた人物であり、「声明」を復興させた人物でもある。声明とは経に音階や楽曲をつけて詠むものだ。

# 浄土宗《じょうどしゅう》

## 仏の名をとなえるだけで誰でも救われる

### 専修《せんじゅ》念仏にたどり着く

阿弥陀如来を拝み、極楽浄土に往生することを願う浄土系仏教の代表が、浄土宗と浄土真宗だ。ふたつの宗派は現在でも圧倒的な信徒数を誇っている。

宗祖の法然は若いころから「どうすれば多くの衆生を救えるのか」と悩みながら修行を続け、43歳になった時、中国で浄土教を大成した善導大師の『観経疏《かんぎょうしょ》』という『観無量寿経』の注釈書に出合う。そこには、「一心にもっぱら阿弥陀仏の名号《みょうごう》を念じて、行住坐臥《ぎょうじゅうざが》に時間の長い短いを問わず、つねに忘れないこと。これを正定業《しょうじょうごう》という。これは阿弥陀仏の願力にかなっている」ということが書かれていた。つまり四六時中、時間にかかわらず阿弥陀仏の名前を念じていれば、極楽浄土に往生できると書かれていたのだ。この「専修念仏」こそ法然の求めていた答えだった。法然は京都東山の吉水《よしみず》（大谷）を拠点として、専修念仏の布教を始める。

### ほかの修行を必要としない

法然の教えでは、ただ「南無阿弥陀仏（阿弥陀如来に帰依します）」ととなえるだけで、誰

**概要**

宗祖 法然《ほうねん》

成立年
1175年

おとなえ
南無阿弥陀仏

本尊
阿弥陀如来

### 「末法思想」の仏法衰退の段階

末法思想とは、釈迦の没後、年代を経るにつれ仏教の正しい教えが失われるという予言に基づく考え。1052年に末法の世を迎えるとされており、平安末期から鎌倉時代にかけて多くの人々を動揺させた。このことが浄土宗をはじめ、鎌倉新仏教の成立にも多くの影響を与えたとされる。

**正法《しょうぼう》**
釈迦が没してからの1000年間は、仏教が正しく伝えられている時期。修行をすることで成果が表れ、悟りを得ることができる。

↓

**像法《ぞうぼう》**
正法の後の1000年間は、仏教が衰退していく時期。修行をしても成果が表れにくくなり、悟りを得る人もいなくなる。

↓

**末法《まっぽう》**
像法が終わった後に訪れる、永遠の時期。仏教の教えが失われ、修行をする人が誰もいなくなる。人々の心は廃れ、破壊活動が平然と行なわれる。さらに天変地異や戦争が頻発する。

でも往生できるとされている。通常、仏教界では悟りの世界に至るためには「お布施をすること」「戒律を守ること」「耐え忍ぶこと」「努力すること」「瞑想すること」「真理を求めること」という六波羅蜜が必要とされた。しかし、当時すべての人々が六波羅蜜の修行をできるわけではない。貧困に苦しむ人はお布施ができないし、盗みを行なってしまう状況もあっただろう。経典の文字を読めない人々も多い。大乗仏教とは衆生を救うための仏教だが、これでは誰も救われない。

その点、念仏をとなえるだけでいい専修念仏は、大乗仏教の理にかなっている。それまでの念仏は煩悩を断つためのものだったが、法然の「末法の世においてはすべての行を捨て、念仏に帰依するべき」と説いた教えは仏教に縁がなかった人々をも虜にした。

# 浄《じょう》土《ど》真《しん》宗《しゅう》

## 最初から救いが約束されている

概要

宗祖 親鸞《しんらん》

成立年
1224年ごろ

おとなえ
南無阿弥陀仏

本尊
阿弥陀如来

### 法然の弟子として布教

浄土真宗は浄土宗から生まれた新しい宗派だ。現在の信徒数は十三宗派のなかで最多であり、浄土真宗だけでも10派に分かれていてそれぞれに本山がある。

宗祖の親鸞は専修念仏の布教をしていた法然の弟子になり、一緒に専修念仏の布教活動に身を投じた。しかし法然は既存の仏教界から激しい弾圧を受け、法然が四国へ流罪になると同時に、親鸞も越後（新潟県）へ流されてしまう。放免された後も親鸞は京都へ戻らず、布教の拠点を関東に移した。60歳を過ぎたころに京都へ戻り、親鸞は90歳の天寿をまっとうする。

浄土真宗が教団化したのは、親鸞の没後。親鸞の霊を祀るために建てられた廟堂が本願寺として独立してからのことである。本願寺はやがて戦国時代の抗争に巻き込まれ、江戸時代の初めに西と東に分裂する。これが西本願寺の本願寺派と、東本願寺の大谷派の始まりとなった。

### 念仏をとなえる必要もない

浄土真宗の教義の基本は「絶対他力」にある。浄土真宗の基になった浄土宗では、念仏をと

親鸞の布教の足跡

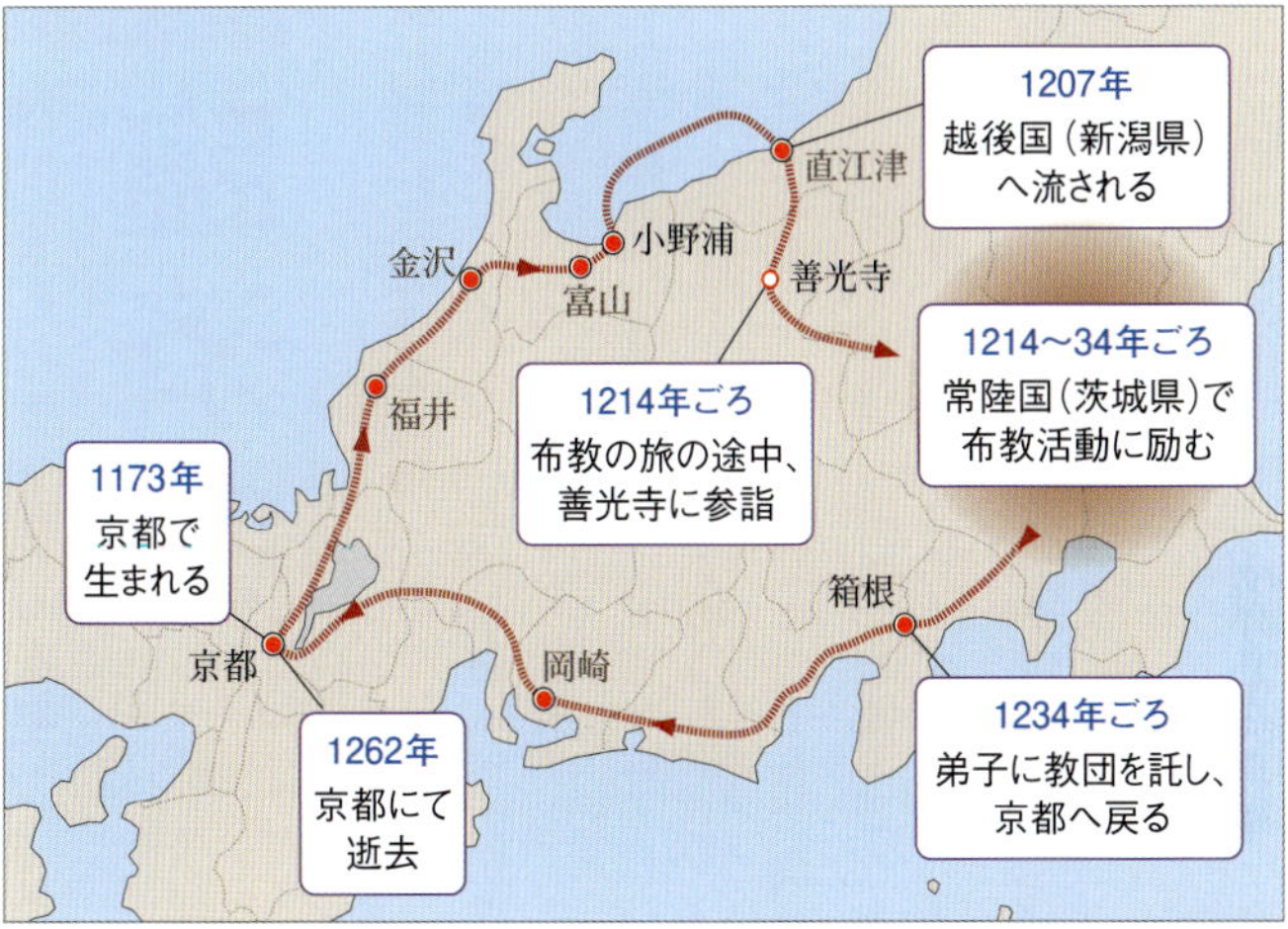


なえるだけで救われるとしているが、浄土真宗ではそれさえも必要としない。すべての人々は阿弥陀如来を信じる心を生まれもって阿弥陀如来から与えられているため、救われることが約束されているという。

また、親鸞は多くの仏教諸派が『般若心経』をとなえるなか、これをとなえることや、葬儀の場で、故人の成仏を願う供養は行なわないとしている。これら革新的な考えは、「悪人正機説《あくにんしょうきせつ》」を掲げるためだ。これは「善人でさえ往生できるのだから、悪人はなおさらだ」というもの。善人はいわば自力で善行を重ねて救われる。善行を積まない悪人＝凡人なら、自分の無力さからもっと真摯《しんし》に阿弥陀如来に身を委《ゆだ》ねるはず。そういった者こそ救われるという意味で使っているのだ。絶対他力を説く浄土真宗ならではの考えだ。

# 臨済宗《りんざいしゅう》

## 禅問答のなかで悟りを見つける

概要

宗祖 栄西《えいさい》

成立年
1191年

おとなえ
南無釈迦牟尼仏

本尊
特定のものはないが、釈迦如来、薬師如来など

### 仏教界を救うのは禅

坐禅は古代インドに起源がある。お釈迦様が悟りを開いた時の状態であったことから、坐禅は悟りを開くための基本姿勢と考えられ、禅宗では重視される。禅宗は6世紀ごろの中国で達磨《だるま》大師を中心に発展し、禅宗五家という5つの宗派に分かれた。そのなかのひとつが臨済宗だ。臨済宗を日本に伝えたのは、鎌倉時代の栄西という僧だ。栄西は28歳で中国の宋に留学した。日本の天台宗は、時代の流れとともに政治闘争の道具と化しており、それを立て直すには基盤となった中国天台宗を身につける必要があると考えたのだ。栄西は天台宗を学んで一旦帰国するが、再び宗へ渡る。今度は天台山万年寺の虚庵懐敞《こあんえじょう》を禅の師と仰いで門弟となり、4年後に帰国。九州を拠点に布教活動を始め、博多に日本最初の禅寺となる聖福寺を建立した。

### 悟りの答えは自己にある

禅宗の流れをくむ宗派には、拠り所とする根本経典は存在しない。これは禅宗では坐禅を組んでお釈迦様の悟りを追体験することを重視するため、自分で答えを導き出すことに意義があ

写真提供：妙心寺退蔵院

臨済宗の寺院ではお茶の接待を受けられるところが多い。妙心寺の塔頭・退蔵院では夏季にグリーンティーなども供される

るという考えからである。

また臨済宗には、特定の本尊も存在しないという特徴がある。人間はみんな生まれた時から仏性（仏の性質）をもっているため、別に偶像崇拝にこだわらないためだ。もっといえば、法を説く住職がお釈迦様になり代わるものと考える。臨済宗では坐禅の最中に師が弟子に対して「公案」という名の問答を投げかける。有名なのが次の問題だ。「両手を打ち合わせると音が鳴る。それでは片手だとどんな音がするか答えよ」。このように、理屈や知識では解けない問題が公案で、その数は1700問ほどあるとされている。公案の答えは悟りの境地と同じで言葉で説明できるものではない。坐禅と作務《さむ》（日常生活）をくり返すうちに自然と見つかり、それらに答えることで段階的に悟りが開かれていくという。

# 曹洞宗《そうとうしゅう》

## 何も求めずひたすら坐禅

### 身心脱落の境地を得る

曹洞宗は臨済宗と同じく、中国の禅宗五家に含まれる禅宗のひとつ。それを日本に伝えたのが道元だ。道元が学んでいた当時の天台宗では、すべての人間は生まれながらに仏性を備えており、最初から悟りを開いているという「本覚思想」が流行していた。それならどうして人間は修行をしなければならないのかと疑問を抱いていた道元は、臨済宗栄西の弟子の明全《みょうぜん》に弟子入りし、もっと深く学びたいと1223年、宋へ留学する。

宗では曹洞宗の僧、如浄《にょじょう》に弟子入りして禅を学ぶ。ある日の坐禅修行中、如浄が居眠りをしていた僧に対し「眠りこけていては身心脱落《しんしんだつらく》の境地に達せないぞ」と叱りつけた。身心脱落とは、坐禅を続けることであらゆる束縛から解き放たれて自由になることだ。それを聞いた道元は、身心脱落の境地を得る。帰国後はのちに永平寺となる大佛寺を建立し、修行の場とした。

### 悟りを求めないのが悟り

曹洞宗は臨済宗と同じく、拠り所となる根本経典が存在しない。しかし本尊は釈迦如来とさ

**概要**

**宗祖** 道元《どうげん》

**成立年**
1227年ごろ

**おとなえ**
南無釈迦牟尼仏

**本尊**
釈迦如来

坐禅中の手の形は法界定印。法界定印の手の形に心の状態が表れるという

れているところが多い。悟りを開いた先輩として敬っているのだ。

曹洞宗も坐禅が重要視されるが、臨済宗とは異なる部分が多い。臨済宗は壁を背にして坐禅を組むが、曹洞宗では壁に向かって坐禅を組む。そして臨済宗の坐禅が問答しながら行なう「公案禅」なのに対して、曹洞宗では黙ってひたすら坐禅に打ち込む「黙照禅《もくしょうぜん》」だ。曹洞宗ではこれを「只管打坐《しかんたざ》」という。身心脱落の境地は、この只管打坐に集約される。

悟りを求めるための修行は、打算的なものになる。それで得られる悟りは打算的な悟りであって、真の悟りとはいえない。悟りを得た後は修行の必要もないということになる。それなら悟りにこだわらずに修行したほうが清々しく生きられる。つまり悟りを求めない修行自体が悟りなのだ、と道元は説いた。

# 日蓮宗《にちれんしゅう》

## 『法華経』に従い現世利益を得る

概要

宗祖 日蓮《にちれん》

成立年
1253年

おとなえ
南無妙法蓮華経

本尊
南無妙法蓮華経の7文字

### 『法華経』が最高の教え

鎌倉時代は多様な宗派が確立されており、それぞれが信徒を獲得しつつある時代だった。浄土宗でよくとなえられる「南無阿弥陀仏」を念仏と呼ぶのに対して、日蓮宗でとなえられる「南無妙法蓮華経」は題目と呼ぶ。念仏は「阿弥陀仏に従います」という意味で、題目は「『法華経』に従います」という意味になる。仏の名前を念じるから念仏で、経文のタイトルをとなえるから題目なのだ。題目は太鼓を鳴らしながら声をあげて盛大にとなえる。

宗祖の日蓮は、比叡山を始めとした寺を渡り歩き、仏教諸派を学んだが、どれも日蓮が求める仏道ではなかった。やがて日蓮は『法華経』がお釈迦様の説いた最高の教えだと考えて布教を始める。それが日蓮宗の始まりとなった。

### 他宗派を邪教と批判

日蓮の教えは「南無妙法蓮華経」ととなえることで救われるというものだ。念仏をとなえれば極楽浄土に往生できるという来世での救いに重点を置く浄土宗に対して、日蓮宗では「現世

ロープウェイで身延《みのぶ》山山頂まで登ると、山並みの向こうに富士山が見える

で救われなければ意味がない」と考えている。つまり今生きていることが重要であり、本当の幸福は来世ではなく、『法華経』の教えに従うことで今訪れるとしている。

そのため日蓮は『法華経』に従わなければ苦難しかないと宣言した。幕府に対しても『法華経』への信心をもたないと日本は滅びると建言したほどだ。ほかにも「念仏をとなえると無間地獄に落ちる」「禅宗は天魔を求める行為」「真言は亡国の祈り」「律宗は国賊」などとほかの宗派を邪教として堂々と批判したため、日蓮は強い迫害に遭ってしまう。そして他宗派の信徒に襲われたり、2度も流罪になったりしている。それでも本当に衆生を救うのは『法華経』のみという信念があったのだろう。日蓮は生涯、声を大にして『法華経』に従うことを人々にすすめ続けた。

# 時宗《じしゅう》

## 不信心でも救われる遊行の宗派

概要

宗祖 一遍《いっぺん》

成立年
1274年

おとなえ
南無阿弥陀仏

本尊
阿弥陀如来、南無阿弥陀仏の文字

### 念仏札を配って全国行脚

時宗の宗祖である一遍は、全国を遊行（布教の旅）し続けた。旅を続けるうちに、ともに遊行する信徒たちが次々と増えていき、この集団がのちに時宗教団として発展していった。

一遍は13歳で法然の孫弟子にあたる聖達《しょうたつ》に弟子入りして、浄土宗を学んだ。その後1度は還俗して結婚するが、32歳ごろに妻子を捨ててふたたび出家。身ひとつで遊行を始める。浄土宗を学んでいたため、一遍は「南無阿弥陀仏」と書いた念仏札を道行く人々に手渡しながら各地を練り歩いた。しかし高野山を経て熊野へ参る途中、一遍は念仏札の受け取り拒否に頭を悩ませた。そして熊野本宮に参詣した時、山伏の姿をした熊野権現（阿弥陀如来）が現れてこういわれた。「信心も不信心も選ばず、念仏札を配るべし」。ここで一遍は信じる、信じないにかかわらず、阿弥陀如来はすべての衆生をすでに救っていると思い至ったのだ。

### 救いを求めてはならない

一遍は阿弥陀如来にすがる必要もなく、むしろ救いを求めて念仏をとなえたところで、往生

徳島県で夏に開かれる阿波踊り。念仏踊りが原型であるともいわれている

できないとも説いている。時宗で重視される『無量寿経』には、かつて法蔵菩薩という修行僧がすべての衆生を救おうとして四十八の願を立て、そのすべてを満たしたから阿弥陀如来になったと書かれている。つまり阿弥陀如来はすべての人々を救ったからこそ阿弥陀如来になったわけだ。そうなると人々は、すでに救われていることになる。しかし阿弥陀如来にすがって「南無阿弥陀仏」ととなえることは、まだ救われていないと断言しているようなもの。だから阿弥陀如来も存在しないことになる。存在しない阿弥陀如来に救いを求めたところで、救われるはずもない。だからこそ救いを求めず、阿弥陀如来のおかげですでに救われていると思うこと。それによって阿弥陀如来は存在することになり、真の幸福が訪れることになるのだ。

## 禅と念仏を融合させた中国臨済宗

# 黄檗宗《おうばくしゅう》

概要

宗祖 隠元《いんげん》

日本伝来
1661年

おとなえ
南無阿弥陀仏

本尊
釈迦如来、薬師如来など

### 来日した中国僧が宗祖

仏教十三宗派のほとんどは鎌倉時代までに出そろった。そこから４００年以上もたった江戸時代の初期に、十三宗派の最後のひとつ、黄檗宗が登場する。黄檗宗は日本で生まれた仏教宗派だが、その宗祖は日本人ではなく中国人の隠元だった。そのため黄檗宗の寺院は日本でめずらしい中華風建築が多く、伽藍配置も中国明代のスタイルになっている。

黄檗宗の宗祖、隠元は福建省福州の出身だ。中国臨済宗の重鎮として名が知られていた隠元は、日本から再三の要請を受けて62歳の時に来日。そして当時の徳川家４代将軍、家綱から京都の宇治に寺領を与えられ、萬福寺を建立した。しかし時代が進み明治時代になると、政府は日本の禅宗を臨済宗と曹洞宗の２宗に定め、隠元の宗派は臨済宗に組み込んだ。その後、臨済宗から離れたのは１８７６年。ここで初めて黄檗宗を名乗り、独立した禅宗の一派となった。

### 進化していた中国臨済宗

黄檗宗も禅宗なので、拠り所にする特定の経典はない。本尊もないが、釈迦如来を祀るとこ

写真提供：京都萬福寺

萬福寺の天王殿。なかに入ると、正面に弥勒菩薩（布袋）像が安置されている

ろが多いようだ。そしてその教えも、臨済宗とかなり近い。人間は生まれた時から自分のなかに仏性をもっており、坐禅修行を行なうことで、それを見出して悟りを開くというものだ。ただし黄檗宗では、坐禅をしたうえで「南無阿弥陀仏」という念仏もとなえる。つまり坐禅と念仏の融合だ。これを「念仏禅」という。念仏禅の念仏は、浄土宗のようにただ救いを求めるものではなく、自分のなかに仏性を見出すための方法のひとつなのだ。

念仏禅は隠元が日本で考案したものではない。栄西が中国で臨済宗を学び日本へ伝えた後、中国では禅と念仏（浄土教）の融合が行なわれるようになった。元時代の末期には、禅浄一致（禅と浄土教）を説いた典籍も書かれている。つまり隠元が来日するまでの400年の間に、中国臨済宗は進化していたのだ。

# 索引

## あ行



## か行



## さ行

# 参考文献


『あらすじとイラストでわかる日本の仏教』知的発見！探検隊 著（イースト・プレス）
『あらすじとイラストでわかる般若心経（文庫ぎんが堂）』知的発見！探検隊 著（イースト・プレス）
『あらすじとイラストでわかる仏教（文庫ぎんが堂）』知的発見！探検隊 著（イースト・プレス）
『うちのお寺は浄土真宗（わが家の宗教を知るシリーズ）』藤井正雄 著（双葉社）
『うちのお寺は曹洞宗（わが家の宗教を知るシリーズ）』藤井正雄 著（双葉社）
『うちのお寺は日蓮宗（わが家の宗教を知るシリーズ）』藤井正雄 著（双葉社）
『うちのお寺は臨済宗（わが家の宗教を知るシリーズ）』藤井正雄 著（双葉社）
『江戸東京の古寺を歩く』（JTB）
『鎌倉でお寺や神社をめぐり、史跡と仏像に会いましょう。』福岡秀樹 著（メイツ出版）
『鎌倉の寺 小事典』（かまくら春秋社）
『決定版 鎌倉の寺社122を歩く』山折哲雄 監修、槇野修 著（PHP研究所）
『新版 古寺巡礼京都19 萬福寺』梅原猛 監修、仙石泰山・夢枕獏 執筆（淡交社）
『新版 古寺巡礼京都20 西本願寺』梅原猛 監修、大谷光真・五木寛之 執筆（淡交社）
『新版 古寺巡礼京都26 清水寺』梅原猛 監修、森清範・田辺聖子 執筆（淡交社）
『新版 古寺巡礼京都31 妙心寺』梅原猛 監修、東海大光・長田弘 執筆（淡交社）
『新版 古寺巡礼京都40 東本願寺』梅原猛 監修、大谷暢顯・井沢元彦 執筆（淡交社）
『古寺名刹大辞典』金岡秀友 編（東京堂出版）
『図解 知っているようで意外と知らないお寺さん入門』渋谷申博ほか 著（洋泉社）
『図説 近江古寺紀行』木村至宏 著（河出書房新社）

『世界の「聖人」「魔人」がよくわかる本』一条真也 監修、クリエイティブ・スイート 編著（PHP研究所）
『禅の寺 臨済宗・黄檗宗 十五本山と開山禅師』阿部理恵 著（禅文化研究所）
『知識ゼロからの京都の古寺入門』佐々木昇 著（幻冬舎）
『日本仏教がわかる本――仏教を学ぶ』服部祖承 著（大法輪閣）
『日本仏教史入門 基礎史料で読む』山折哲雄・大角修 編著（角川選書）
『日本仏教十三宗ここが違う』（大法輪閣）
『日本仏教宗派のすべて』（大法輪閣）
『日本名刹大事典』圭室文雄 編（雄山閣出版）
『百寺巡礼 第二巻 北陸』五木寛之 著（講談社）
『百寺巡礼 第四巻 滋賀・東海』五木寛之 著（講談社）
『百寺巡礼 第五巻 関東・信州』五木寛之 著（講談社）
『百寺巡礼 第六巻 関西』五木寛之 著（講談社）
『百寺巡礼 第七巻 東北』五木寛之 著（講談社）
『百寺巡礼 第十巻 四国・九州』五木寛之 著（講談社）
『仏教のここが知りたい』（大法輪閣）
『仏事の常識と仏教の基礎知識完全ガイド』田代尚嗣 著（佼成出版社）
『別冊歴史読本　日本の寺院――歴史のなかの宗教』（新人物往来社）
ほかにオフィシャルホームページなど参照しています。

編集協力　藪内健史、西田明美、遠藤昭徳、南木あかね（株式会社クリエイティブ・スイート）
執筆　佐藤賢二、清塚あきこ、菅野秀晃
表紙写真　小川和夫/アフロ（室生寺）
本扉写真　新薬師寺
本文デザイン・DTP　小河原 徳（株式会社クリエイティブ・スイート）

**日本神仏リサーチ**
（にほんしんぶつリサーチ）
神話好き、歴史好き、神仏好きが高じて、神仏に関するあらゆる情報を日々、収集している研究グループ。編集プロダクション「クリエイティブ・スイート」が主宰。全国の神社、仏閣、パワースポットを巡り、感謝の念を唱え、ご利益をお願いしている。読者の皆様の古寺巡りの助けになればと願い、本書を執筆した。

宝島社新書

カラー版
日本の古寺100選 国宝巡りガイド
（からーばん　にほんのこじひゃくせん　こくほうめぐりがいど）

2018年4月23日　第1刷発行
2022年9月20日　第2刷発行

著　者　日本神仏リサーチ
発行人　蓮見清一
発行所　株式会社宝島社
〒102-8388 東京都千代田区一番町25番地
電話：編集　03-3239-0928
　　　営業　03-3234-4621
https://tkj.jp
印刷・製本　株式会社広済堂ネクスト


ISBN 978-4-8002-8165-4